本书出版受以下项目资助：

2022年度湖北省社科基金后期资助项目『区域旅游生态效率测度、时空演变及与旅游经济互动的研究』（HBSK2022YB313）

湖北省高校人文社会科学重点研究基地武汉轻工大学食品安全研究中心重点项目

2023年国家社科基金项目『中国省际旅游碳排放核算、影响因素与减排路径研究』（23BJY142）

旅游 生态效率与旅游经济发展

TOURISM

ECO-EFFICIENCY AND TOURISM ECONOMIC DEVELOPMENT

郭田田 著

社会科学文献出版社

SOCIAL SCIENCES ACADEMIC PRESS (CHINA)

前　言

　　2020 年，中国提出 2030 年前争取实现"碳达峰"，旅游业在率先实现"碳达峰"方面具备先行先试基础。近年来，旅游业一直保持着高速增长态势。文化和旅游部统计数据显示，至 2019 年中国旅游业收入达到 6.63 万亿元，对 GDP 的综合贡献率达到 11.05%。旅游业快速发展带来的碳排放也呈现上升趋势。旅游生态效率作为衡量区域旅游可持续发展的重要指标，能够平衡旅游经济增长和旅游碳排放，本书将以旅游碳排放为基础，通过构建中国情境下的旅游生态效率指标体系，实现对旅游生态效率的时空演变、影响因素及与旅游经济发展互动响应的研究，同时为各地区旅游业节能减排与旅游生态效率优化制定可操作的实施措施，从而促进旅游业落实《2030 年可持续发展议程》。

　　本书基于可持续发展理论、区域经济增长理论、旅游系统理论及环境库兹涅茨曲线，采用 EBM 模型、ML 指数、标准差椭圆模型、OLS、空间计量模型、VAR 模型等分析方法，结合中国及各地区统计年鉴与文献数据，得到如下结论。

　　首先，基于 EBM 模型和 ML 指数的测度结果分析得出以下方面。第一，从总体特征上来看，2002～2018 年我国的旅游生态效率整体变动幅度并不大，表明我国的旅游生态效率整体处于一个相对平稳的状态。第二，从时序演变特征上来看，我国的旅游生态效率整体处于一个波动上升的态势。2003~2005年我国的旅游生态效率整体是上升的，之后在2008~2010年呈逐步上升态势，然后下降趋于平缓。此外，2004~2018年，我国的旅游生态效率基本大于1，说明我国的旅游生态效率处于一个上升的态势。第三，从空间分布特征上来看，不同省份的旅游生态效率的变动很大，并且省份之间的空间转变效应不断增强；旅游生态效率的空间溢出范围显著增大，不同区域间旅游经济协同和旅游碳排放的联动效果逐渐提高。第四，从空间轨迹转移上来看，2002~2018年我国旅游生态效率的重心整体呈现从东北向西南地区转移的态势，这得益于我国长期以来坚持绿色发展和可持续发展战略。

其次，利用面板OLS和面板空间计量模型分析了影响我国旅游生态效率的因素。Moran's I的结果显示，我国各省份的旅游生态效率在空间上存在依赖关系。LM检验的结果显示，我国各省份的旅游生态效率在空间上存在滞后的关系而非误差的关系。基于固定效应的空间滞后模型回归结果显示，某一省份的旅游经济强度、能源消耗、创新能力和城镇化水平可以直接地影响本省份的旅游生态效率，而邻近省份的旅游经济强度、能源消耗和城镇化水平可以间接地影响本省份的旅游生态效率。行业结构、对外开放程度、环境规制、交通通达性、科技水平等并未对旅游生态效率产生显著的影响。

最后，利用PVAR模型估计了旅游生态效率与旅游经济发展之间的互动关系。单位根检验和协整检验的结果显示，我国各个地区的旅游生态效率与旅游经济发展是相对平稳的，并且存在长期协整关系。脉冲响应函数的结果显示，在全国范围内，旅游经济发展在前期对旅游生态效率产生显著的影响，但随着时间的推移，旅游经济发展对旅游生态效率的影响不再显著。方差分解方法的结果显示，旅游经济发展对旅游生态效率的最高贡献值在全国范围内偏低，在地区层面从大到小依次为西部地区、中部地区和东部地区；旅游生态效率对旅游经济发展的最高贡献值在全国范围内也是较低的，在地区层面从大到小依次为中部地区、东部地区和西部地区。

　　基于上述结论，本书提出了加强区域间旅游协作、优化旅游空间结构及促进产业升级、加大旅游创新技术研发投入、完善旅游基础设施和公共服务体系等对策建议，以提升我国旅游生态效率。

目　录

绪　论

一　研究背景

（一）旅游业顺应"高质量发展"的目标需要

在党的十九大报告中，习近平总书记明确提出"我国经济已由高速增长阶段转向高质量发展阶段"。高质量发展要求在"质"的大幅度提升中实现"量"的有效增长，坚持质量第一、效益优先，推动经济发展质量变革。在高质量发展的内涵中，效率问题是不能避免的核心，不论是质还是量的变革，以及新旧动能转换的关系，都可以从"效率"角度出发进行思考。作为中国战略性支柱产业，旅游业需要顺应高质量发展的目标需要，从"效率"的视角出发，进行质与量的变革，以最小的资源环境成本实现最大的旅游经济效应，推动旅游业高质量发展，实现速度增长和质量提升的双赢目标。旅游生态效率是指以最小的资源投入与环境破坏为代价，实现经济社会产出效益最大化，从旅游经济产出与其对环境的影响系统考量旅游经济发展与生态质量提升的关系，提升旅游生态效率，涵盖旅游业发展的"质"与"量"，为评价旅游高质量发展提供了新思路。对旅游生态效率的测度和评价可以作为衡量旅游业高质量发展水平的重要依据，对推动经济高质量发展具有重要意义。

（二）旅游业达成"双碳"目标的现实需求

旅游业已经成为我国国民经济的支柱性产业，文化和旅游部统计数据显示，从 2010 年到 2019 年，我国国内旅游总人数从 21.03 亿人次增加到 60.06 亿人次，国内旅游总收入从 12579.80 亿元增加到 57250.92 亿元。但与传统认知中"旅游业是绿色产业"相违背的是，伴随着大规模人员的流动和旅游活动的开展，旅游业产生了不容忽视的高能耗和高排放问题。2008 年，世界旅游组织（UNWTO）等发布的《气候变化与旅游业：应对全球挑战》指出，由旅游交通、旅游住宿及旅游相关活动所产生的旅游碳排放占全球碳排放总量的 3.9%，所引起的温室效应占全球温室总效应的 14%。Lenzen 等（2018）研究发现，2013 年全球旅游业碳排放占碳排放总量的比重已达到 8%，比 2008 年的预估值高出一倍，旅游业对气候变化的影响逐渐凸显。2020 年，中国向世界承诺了"碳达峰"和"碳中和"的"双碳"目标。《中华人民共和国国民经济和社会发展第十四个五年规划和 2035 年远景目标纲要》中也提出了要将单位 GDP 能耗和二氧化碳排放分别降低 13.5% 和 18% 的具体目标。作为世界第一大产业，旅游业需要承担节能减排的行业责任。在 2007 年第二届"气候变化与旅游国际会议"上，我国号召全球各国、各地区积极采取协作，管控旅游业碳排放量，倡导低碳旅游。随后我国发布的《关于进一步推进旅游行业节能减排工作的指导意见》《关于促进旅游业改革发展的若干意见》等均指出旅游业对减缓气候变化具有重要意义，需积极采取节能减排措施。旅游生态效率可以被定义为在消耗更少自然资源的同时实现更大的商品或服务产出，并造成更低水平的废物和污染物排放（Rashidi and Saen，2015）。对旅游生态效率的研究有助于旅游业减缓对气候变化的影响，是达成"双碳"目标的现实需求。

（三）旅游业贡献"SDGs"的实践需要

联合国可持续发展目标（Sustainable Development Goals，SDGs）是联合国制定的 17 个全球发展目标，指导 2015～2030 年的全球发展工作。随着旅游带来的生态环境问题日益受到关注，旅游业面临着如何在旅游增长和生态环境保护之间取得平衡的挑战，即所谓的可持续旅游的挑战。

我国已充分认识到推行旅游可持续发展的紧迫性与必要性。在 2016 年首届世界旅游发展大会上，中国再次强调全球共推可持续发展旅游的重要性，并将 2017 年作为国际可持续旅游发展年，旅游业的可持续发展成为必然趋势。"生态效率"的概念最早由 Schaltegger 和 Sturm（1990）提出，然后由世界可持续发展工商理事会（WBCSD）推广。此后，生态效率的概念被引入可持续旅游领域，学界开始展开对旅游生态效率的研究，为旅游可持续增长提供定量指导，是旅游业贡献 SDGs 的实践需要。

旅游生态效率是衡量旅游可持续发展、旅游业发展质量、区域内人地和谐关系的有效指标，其内在含义为以最小的资源投入与环境破坏为代价，实现经济社会产出效益最大化。旅游生态效率从旅游经济产出与其对环境的影响系统考量旅游经济发展与生态质量提升的关系，为衡量旅游生态化水平提供了新思路。它是客观、恰当地表征旅游对环境影响的重要参考指标。旅游生态效率作为一种经济常态，存在显著的空间效应，省域间的旅游生态效率协作与调节已成为缓解旅游与环境矛盾的重要手段。但省域间产业结构的差异、旅游专业化水平的差异以及旅游消费方式的差异等均加重了我国旅游生态效率的不均衡性，强化了空间异质性，使其空间趋同特征错综复杂，区域协同治理管控的难度也日益增大。因此在加强对省域旅游生态效率管控之前，有必要摸清省域旅游生态效率水平，特别是时空演变特征及其与旅游经济发展的互动关系。

二　研究内容与思路

（一）研究内容

1. 基于可持续发展思想的旅游生态效率测度体系构建与数据构造

从既有的研究成果来看，Gössling 等（2005）、李鹏等（2008）、肖建红等（2011）、姚治国和陈田（2015）、甄翌（2014）以二氧化碳排放量作为旅游对环境的影响指标测度了旅游生态效率；章锦河等（2005）以生态足迹作为旅游对环境的影响指标测度了旅游生态效率。但上述对旅游生态效率的测度主要集中在某一时间段，缺少对某一区域连续时间段的测度，因而无法在时间序列上进行比较研究。本书将通过文献回顾，在梳理前人研究的基础上构建旅游生态效率测度体系，分析并说明测度方法的创新之处以及选择指标的原因。

在该部分，本书将基于各地区的相关数据（2002～2018 年）、相关经验参数以及实地调研数据，对旅游生态效率测度数据进行构造，主要数据包括两类。第一类估算数据为旅游业碳排放。本书拟通过将旅游业碳排放划分为三个部门进行估算，分别为旅游交通、旅游住宿和旅游活动。第二类估算数据为旅游业能源消耗量，通过旅游消费剥离系数将旅游业的能源消耗量从各行业中剥离出来。

2. 基于 EBM 模型的旅游生态效率测度、时空演变及影响因素

从既有的研究成果来看，旅游生态效率的测度方法集中在单一比值法，而生态效率的测度方法则既有单一比值法，也有指标体系法，还有模型法，由于方法的限制，旅游生态效率的研究范围也较为狭窄，如对旅游生态效率影响因素的定量研究基本没有。

本书在测度方法上，基于研究内容的数据构造，采用 EBM 模型进行测度。旅游业投入指标包括旅游资本投入、旅游劳动力投入和旅游能源消耗。旅游业期望产出包括旅游总人数和旅游总收入。旅游业非期望产出包括旅游二氧化碳排放量。其中旅游能源消耗和旅游碳排放采用自下而上的方法来构造。基于以上研究结果，本书将对其进行时空演变和区域差异研究，采用 ArcGIS 对其全局及局部 Moran's I 进行测算。通过面板 OLS 模型、面板空间滞后模型和空间误差模型分析了影响我国旅游生态效率的因素。

3. 基于 PVAR 模型的旅游生态效率与旅游经济发展的互动响应研究

由于既有的研究较少关注到旅游生态效率与旅游经济发展之间的关系，因此本书首先将采用变异系数法对各地区旅游经济发展评价指标确定权重，运用综合线性加权法评价各地区旅游经济发展；其次将采用

PVAR 模型，通过脉冲响应函数和方差分解来解释旅游生态效率与旅游经济发展的互动响应、旅游生态效率对旅游经济发展的冲击程度和贡献程度。

（二）研究目标

第一，通过文献回顾梳理生态效率与旅游生态效率的相关研究现状；第二，构建区域层面的旅游生态效率测度体系，通过比较前人在旅游生态效率测度上指标选择的差异构建适合的旅游生态效率评价体系，并将其应用于实证研究中；第三，计算旅游生态效率，探索其时空演变趋势和区域差异；第四，系统分析影响我国旅游生态效率的因素；第五，探索旅游生态效率与旅游经济发展的互动响应关系。

（三）研究思路与技术路线

本书遵循"背景研究—文献分析—数据构造—实证检验—研究结论—研究总结"的基本思路，运用生态经济学、管理学、空间信息地理系统、空间计量经济学、可持续发展理论、生态效率理论等交叉学科的理论与方法对旅游生态效率的时空演变及其与旅游经济发展的互动响应进行研究。

图 0 - 1 为本书的研究框架，图 0 - 2 为本书的技术路线。

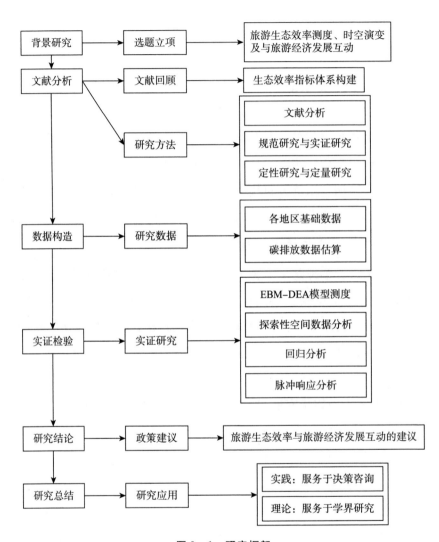

图 0-1　研究框架

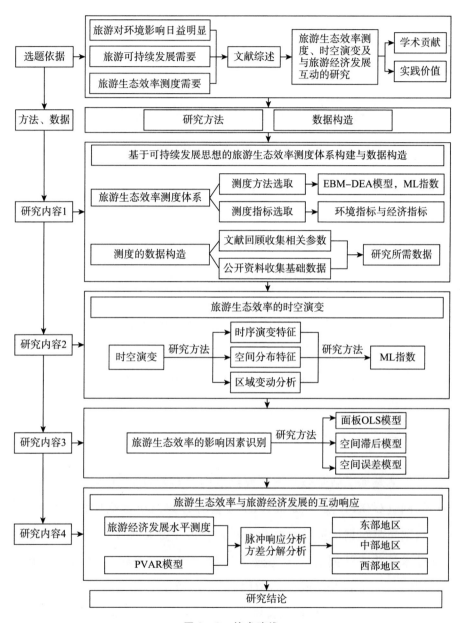

图 0-2 技术路线

第一章 文献综述与理论基础：
旅游生态效率

第一节 国内外生态效率的研究进展

生态效率反映了投入与产出的关系，其内涵是经济与环境的协调发展，是经济增长效率与资源环境效益相统一的本质体现，是经济高质量可持续发展的重要衡量指标。以下将围绕生态效率的研究热点、主要内容开展分析。

一 研究热点分析

为了清楚地了解生态效率研究热点的分布及发展演进趋势，本书将中国知网（CNKI）及 Web of Science 核心合集两个数据库作为数据源，分别选取文献数据后进行可视化分析。在两个数据库中都使用高级检索并以学术界普遍认同的"生态效率"和"eco-efficiency"关键词进行检索。同时，为了达到 CiteSpace 对数据"广度大、精度高"的要求，在CNKI 设定检索条件时尽量涵盖所有相关文献，选取主题或关键词或篇名为"生态效率"的文献。同时，为减少重复内容、提高高质量文献占比，文献来源选择 CSSCI、CSCD 期刊以及其他核心期刊，共检索到1276篇文献（数据截至 2022 年 3 月 5 日），进一步经过人工筛选，剔除报道、要闻、水产养殖技术等与"生态效率"不相关的文献，最终确定 1250 篇内容为生态效率的文献作为分析样本。在 Web of Science 的高级检索中设定检索语句为 TS = eco-efficiency，选择文献类型为 Article，共检索到 1713 篇文献（数据截至 2022 年 3 月 5 日），并将数据导入 CiteSpace 5.6. R5 中进行文献计量分析。

本书利用 CiteSpace 5.6. R5 的关键词分析功能分析 1250 个中文文献样本和 1713 个英文文献样本，获得了生态效率研究热点的文献计量结果与知识图谱。

本书绘制了生态效率研究的关键词共现知识图谱，展示了国内外学者对生态效率研究的热点。按照关键词出现的频率，中国生态效率研究的高频关键词分别是"生态效率""生态足迹""工业生态效率""农业生态效率""可持续发展""循环经济""长江经济带""区域差异""区域生态效率""数据包络分析""生态经济效率""空间溢出效应""DEA""空间自相关""生态文明""环境规制"等；[①] 国际上的高频关键词是 "eco efficiency" "eco-efficiency" "data envelopment analysis" "performance" "life cycle assessment" "China" "model" "energy" "system" "productivity" "energy efficiency" "DEA" "impact" "environmental efficiency" "CO_2 emission" "indicator" "undesirable output" "slacks based measure" "management" "growth" "industry" "environmental impact" "efficiency" "framework" "power plant" 等（见图 1 - 1）。

由可视化图谱及关键词频数统计可知，在国内生态效率的研究中，"生态效率"出现频次最多，由生态效率这一主题关键词延伸出众多关键词。涉及研究内容的高频关键词包括"可持续发展""生态足迹""循环经济""影响因素""区域差异""环境规制""生态文明"等；涉及研究对象的高频关键词包括"农业生态效率""工业生态效率"等；涉

---

① 因篇幅限制，没有展示国内关键词知识图谱，如需要可向笔者索取。

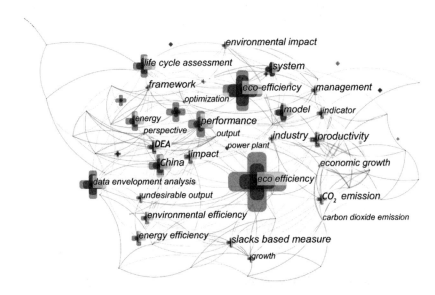

图 1-1　国外关键词共现知识图谱

及研究尺度的高频关键词包括"长江经济带""区域生态效率""中国"等；涉及研究方法的高频关键词包括"数据包络分析""DEA""超效率DEA""Malmquist 指数""DEA 模型"等。从这些关键词属性可以看出国内生态效率研究的基本格局，揭示出主流的研究方向。

在国外生态效率研究中，涉及研究内容的高频关键词为"performance""life cycle assessment""energy""system""productivity""energy efficiency""impact""environmental efficiency""CO_2 emission""indicator"等；涉及研究尺度的高频关键词有"China""power plant""industry"等；涉及研究方法的高频关键词为"data envelopment analysis""model""DEA"等。

对文献数据进一步进行关键词聚类分析，得到国内外生态效率研究关键词共现聚类图谱，如图 1-2 和图 1-3 所示。由图谱可知，中国生态效率研究关键词聚类为"工业生态效率""金融集聚""生态足迹""循环经济""绿色增长""生态经济效率""区域生态效率""生态建设""社会生态效率""DEA"；对于国外而言，关键词聚类为"life cycle assessment" "data envelopment analysis" "China" "stirpat model" "ecological efficiency"。

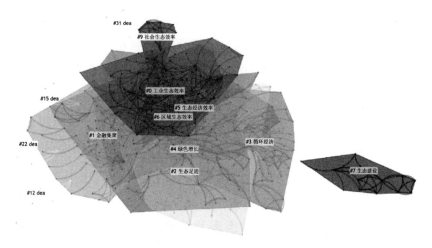

图 1 - 2　国内关键词共现聚类图谱

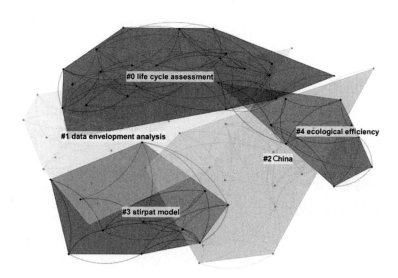

图 1 - 3　国外关键词共现聚类图谱

二 国内外生态效率研究主要内容

(一) 生态效率的概念内涵

1990 年，Schaltegger 和 Sturm 两位学者首次提出"生态效率"的概念，这一概念也为后续研究者所认可，也就是"以少换多"，其中"少"是指环境成本，"多"则指经济效益。生态效率是对环境资源和经济发展两者之间关系的综合体现。借助"生态效率"可以对环境资源的利用情况进行估量，并由此推出经济、资源、环境保护之间协同作用的效果。生态效率可以被用作良好的可持续性分析指标 (Huppes and Ishikawa，2005)。1992 年在里约热内卢召开的"地球峰会"中，生态效率的概念被多次引入会议内容中。生态效率提升的根本思路是围绕"以少换多"展开的，通过尽可能小的改变换取尽可能大的回报。这种思路实际上就是对资源生产力利用情况的评估，在具体实施的时候主要通过少量资源生产大量产品的形式实现。

1998 年，经合组织对生态效率的概念进行了延伸，它把生态效率的适用范围扩展至政府部门、社会团体等组织，并对其定义进行了明确：以较少的资源成本获取较大的价值空间。

虽然目前对于生态效率的发展有了基本的思路，但是对其具体的含义学者们仍未有定论。学者们对于如何准确地进行多种影响条件下生态效率的估值和如何以不同的方式验证指标权重的问题仍在进行探索，特别是其在经济学领域和工业领域的交叉方面。研究工业生态学的人员对于生态效率的重视程度非常高，他们表示应当将研究的重心由生态效率的评估向生态效益的评估过渡 (McDonough and Braungart，2002；Ehrenfeld，2008)。从理论方面考虑，对环境经济效益的提升能够促进投入产出比率的下降，还有可能发掘出新的发展空间。Porter 和 Van der Linde (1995) 表示，成本效益更高的资源能够在竞争中获得更有利的机会，有不少学者认为这种战略思想是有效的。不过，Orsato (2009) 则表示，生态效率作为战略主体时所能建立起的竞争优势不足，如果对于生态效率战略的追捧程度过高，很有可能导致绩效估值失衡的情况发生。即使在不少人的认知中生态效率可以作为经济、环境绩效情况的反映工具，然而在实际使用的时候其局限性依旧很强，主要原因在于其使用经济效益对环境影响进行估量。一个性能平稳的生态效率测量系统可以作为环境资源识别和估量的核心工具（Huppes and Ishikawa，2005）。

总体而言，生态效率能够在不同的环境条件下作为估量环境绩效的工具。Korhonen 和 Luptacik（2004）表示，如果只关注资源消耗对环境产生的影响，那么生态效率只能被称作"资源效率"。Dyckhoff 和 Allen（2001）表示，只有将资源消耗情况和环境受影响程度进行综合性估量的方式才能被称作"生态效率"。故而，国外的研究人员对于生态效率这一概念的认识以投入产出比率为主，他们认为其需要实现的目标是资源消耗、环境污染尽可能小，经济收益尽可能大。

1995 年 Fuss 将生态效率的概念引入中国，之后有诸多国内的学者对此进行了深入研究与探讨，如李丽平和田春秀（2000）、周国梅等（2003）、诸大建和朱远（2005）、刘丙泉等（2011）引用此概念并做出相应的认识：此概念可用于中国有关环境和管理的问题上，也可满足人类对于生态环境的需求，还可让其在经济推动环境、环境促使经济的发展上做出贡献，更可让其成为衡量经济在区域可持续发展的重要指标。同时这些学者也分别阐明了生态效率是投入与产出的比、是经济发展后创造出的价值与环境资源消耗的比、是经济在区域中增长值与合理利用资源及环境污染减少相辅相成发展的过程等观点。虽然这些不同的学者对其相关理念的表述不甚相同，但他们对其认知的核心内容是一致的，也就是最少投入与污染可获得的产出却是最大的。因此，在生态效率与可持续发展相互契合的情况下，国内外的学者们在研究生态效率作用于经济与环境协调发展时主要面临的问题是如何有效测度。

（二） 生态效率的测度方法

第一，早期的单一指标法。最初的研究模式采取的是单一指标法，也就是说可用碳排放或能源强度等单一的指标来指代生态效率，这种方法反映出的是单一投入与产出的关系。像 WBCSD 会把产品、服务的销售总金额、销售总量等用作一般经济指标，用增值来代替指标。于是生态效率便有了相应的计算公式：生态效率 = 产品和服务价值/环境影响。依据芬兰当地实际的情况，芬兰统计局得出相应的计算方法：生态效率 = 生活质量的改善程度/（资源消耗情况 + 环境损害情况 + 经济支出）。Schaltegger 和 Burritt （2000） 研究后提出，生态效率是产出的测度值与环境所受影响后增加值的比值，因此得出的计算公式：生态效率 = 产出值/环境影响的增加值。

第二，综合指标评价法。国内外的相关学者采用综合指标的方式探索和测度生态效率。像 Michelsen 等 （2006） 在挪威家具抽样 9 项环境指标，从而构建出其生态效率的指标。有关世界的可持续发展委员会提出 7 项指标，分别是：水、能源、材料的分项损耗、臭氧消耗的物质排放、温室内的气体排出、酸化气体的排出与废弃物的总量。Höh 等 （2002） 在对德国环境进行经济账户清算时，对生态效率做了测算，当时的产出指标为 GDP，投入指标分别为能源、水资源、土地利用资源、相应原材料等有关自然资源、劳动力等，同时分析了生态效率。

毛建素等 （2010） 使用粉烟尘、废气废水、固定的废弃物等有关污染物分析了工业行业，其生态效率就是工业产值与其所产出的各种污染物的比值。戴铁军和陆钟武 （2005） 对钢铁行业进行分析研究，并提出三项评价指标，分别是：环境效率、能源效率、企业资源效率。赵鑫等 （2017）、李强和高楠 （2018）、万伦来等 （2020） 分别从资源的投入、环境污染的程度、经济的产出方面构建区域的生态效率标准体系。即使各位学者在构建生态效率有关标准体系方面大有不同，但从总体来看，这些标准体系的模式是可以充分反映出有关社会、自然、经济等相互协调发展的程度的。资源的利用普遍会被纳入此项研究的投入指标，而环境的污染物与 GDP 便被纳入产出指标，用作测度生态效率。然而在某种特殊的情况下，主观来讲，也需要衡量环境和经济发展的关系。

从指标体系的角度来看，因子分析与熵权法等相关综合评定方法也得到了广泛的使用。王波和方春洪（2010）分别从生态效率与资源效率这两项考虑，其中，生态效率选用废气污染物的排量、固体污染物的排量、废水污染物的排量三项；资源效率选用水量、土地的使用面积、就业的总人数、能源消耗四项。他们利用因子分析计算方法，对国内 30 个相关地区的生态效率进行计算与分析，得出中国西部、中部、东部间的生态效率有着很大的差距。李惠娟等（2010）以因子测算的方法为基础，选用了 14 项与能源的消耗、污染的排放、经济的产出相关的指标对我国 16 个资源型城市的生态效率进行分析。白彩全等（2014）通过使用熵权法，分别从经济循环、资源收益、环境效益、经济效益这四项对我国 30 个地区 2007～2010 年的生态效率进行了测算与分析。陈林心（2017）通过使用投影寻踪赋权法对我国 31 个省域的生态效率进行了测算与分析，当时选用区域耗电量、耗气量、废弃物产出量、二氧化硫废气产出量、粉灰尘排出量等作为重点指标。何宜庆等（2015）利用资源的消耗、环境的污染、经济的产出这三项指标对我国 30 个地区 2005～2013 年的工业行业的生态效率进行了测算与分析。

第三，DEA 模型。DEA（Data Envelopment Analysis）也就是数据包络分析，其基础为相对效率，且应用多指标投入及多指标产出对相同类型的单元进行效益评定的一项系统分析法。它通常使用的是非参数的分析方法，将人为引起的权重误差减小。国内外的学者们会在考虑环境影响因素的情况下，以前期生产率与效率作为分析基础，有针对性地研究生态效率。

伴随着 DEA 模型的全面改进，如今有很多研究者会采用这种模型对生态效率进行测算。例如，Dyckhoff 和 Allen（2001）将坏的产出值作为

基础，进而推算出有关企业环境的可测度生态效率的 DEA 模型。Hoang
和 Alauddin（2012）使用 DEA 投入导向型模型对 30 个国家和组织的农
业生态效率进行了测算与评估。Storto（2016）应用非期望产出的 DEA
模型对意大利 116 座城市的生态效率进行了实证分析。赵鑫等（2017）
应用三阶段超效率的 DEA 模型与 Malmquist-Luenberger 指数相结合，测
算分析了我国长江经济带的生态效率。李闪闪（2018）也使用超效率的
DEA 模型对 2000～2015 年我国 30 个省份的生态效率进行了测算与分析，
同时在此基础上分析了 16 年间生态效率的投入与产出情况。周敏等
（2019）采用非期望产出 DEA 模型对我国区域性能源的生态效率进行了
计算与分析。刘淼（2021）使用 SBM-DEA 模型对长江经济带 108 个地
级及以上城市的生态效率进行了分析研究。

（三）生态效率的应用范围

第一，企业层面。自 1992 年世界可持续发展工商理事会提出生态效
率的理念开始，像日本的富士、索尼、巴斯夫等较多的大型企业便对生
态效率的使用打开了研究应用的新局面。同时它们也会根据自己企业的
特点量身制订相应可实施的计划，充分体现了生态效率要求企业坚持走
可持续发展道路的根本宗旨。所以，采用生态效率衡量企业生产的效果
已成为现在研究的焦点。

Syrrakou 等（2006）分析了在建筑领域有关智能窗户产品的使用，
经研究发现，使用智能窗户节省的资源已相当于在制造过程中所需资源
的 33 倍。Van Caneghem 等（2010）针对土地的使用、能源的消耗、气
候变暖的形式，对不同时期生产半硬质奶酪的生态效率进行了分析研究。
国内在企业内开展此方面的研究相对于国外还是较少的，主要是因为从
企业获得数据相对困难。陈晓红和陈石（2013）测算评估了湖南省化工
企业的劳动、资本两项密集型企业的生态效率，发现技术进步差异是导
致生态效率差异较大的主要原因。杨婷蓉和丁慧平（2017）对宝钢股份
公司在 2014 年的绿色 EVA 进行了计算与分析，提出对能源高消耗、高

污染行业等国有企业试行 EVA 考核模式。

第二，行业层面。从国外行业的研究层面来看，Ingaramo 等（2009）研究分析了蔗糖产业中产生废水的生态效率。Charmondusit 和 Keartpak-praek（2011）对泰国的 31 家石油公司在工业产业园内产生的生态效率依据 WBCSD 给出的内涵进行了分析研究。Barak 和 Dahooei（2018）在研究航班线路安全性方面采用了模糊数据包络分析和模糊多属性数据分析，并对具有多属性决策单元的有效性进行了分析与评估。除上述研究以外，在发电行业、家具用品行业、钢铁行业等都广泛采用了有关生态效率的研究（Van Caneghem et al.，2010；Ounsaneha and Rattanapan，2016）。

从国内行业的研究层面来看，何伯述等（2001）提出了对燃煤电站生态效率的测度方法，经过全面的研究分析，气体污染物与 CO_2 的脱除率在很大程度上影响了燃煤电站的生态效率。毛建素等（2007）不但对工业行业的生态效率进行了研究分析，而且还在特定环境下，分析研究了负荷对总体产生影响的有关情况。

第三，区域层面。如今，研究的方向与热度已聚焦在特定区域中生态效率的测度与评估方法方面。Salmi（2007）应用大自然、经济与社会这三大方面对生态效率进行评估，并给出了相应的标准。Wursthorn 和 Poganietz（2011）针对欧洲范围内的生态效率如何实现评价指标的统一性进行了分析研究。Van Caneghem 等（2010）在环境与经济脱钩的影响下，分析研究了弗兰德工业区生态效率的变化趋势。

要想实现经济发展良性循环与建设资源型社会，最主要的模式便是我国相关学者所认为的生态效率模式。武春友和孙源远（2009）基于生态承载力而创建出的空间动态模型，可用于测算工业园区的生态效率。彭涛等（2010）对全国和九发生态产业园的生态效率进行了对比，并提出如何构建农业与工业混合型产业园的措施。除上述研究以外，生态效率方面的大尺度研究也是极为常见的。陈兴鹏等（2012）利用 DEA 交叉模型研究分析了西部 11 个省份生态效率的演变情况。潘兴侠和何宜庆（2015）对我国中部 6 个省份的产业架构和生态效率两者之间存在的联系进行了研究分析。韩增林等（2018）对环渤海地区 44 个城市 2005 ~ 2015 年的生态效率与时空演变特征进行了研究分析。整体而言，考虑到获取数据的便捷性，生态效率在区域层面上的研究较为普遍。

（四）生态效率的影响因素

由于我国城市化的快速发展以及工业化的进程加快，许多地区面临资源匮乏以及生态退化的问题。近年来最典型的环境问题是大面积的雾霾，它促使人们关注如何协调经济发展与保护环境以及资源消耗，并使人们认识到必须改变以往的经营方式和发展理念，即不仅追求资本最大化和注重劳动力效率提升，更重要的是保护环境以及提高资源的利用效率，提升生态效益，致力于资源和环境效率并重。那么要提高生态效率就要求我们理解是什么因素影响了我国生态效率的提升及其背后的机理，只有明白这些问题，我们才能制定适当的政策法规或措施来改善生态环境，在促进经济发展的同时，减小资源压力，即推动与环境、资源相协调的经济发展。由此如何高效识别和判断影响生态效率的因素成为研究人员高度关注的问题。本书将通过梳理相关文献，并初步总结影响生态效率的诸多因素。

当前学者们从不同研究视角对生态效率的影响因素展开研究，包括区域经济、科技研发、产业结构升级、环境检测、城市化进程等。例如，陈傲（2008）为了研究环保资金投入、环境政策以及产业结构三要素对生态效率的影响，使用了因子分析赋权方法。Wu（2010）认为，在定量分析我国地区经济发展的基础上，区域环境指标会受到公众广泛宣传环境保护以及法律和政策的执行两大要素的影响，因此提高环保意识或者加强法律法规的执行有助于缓解工业污染。邓波等（2011）基于我国 2008 年的横截面交叉数据，使用三阶段 DEA 模型来衡量每个省份的生态效率。他们认为环境及随机因素对生态效率有很大的影响。付丽娜等

（2013）采取 Tobit 面板模型研究了产业结构、城市化进程、外资使用和技术强度等要素对城市群生态效率的影响。

李在军等（2016）认为要想提高区域生态效率，就需要将重点放在推进城市化、降低排污费用、加强环保勘察以及增强地方硬实力上，而第一产业比重降低是不利于区域生态环境改善的。汪克亮等（2015）使用 Tobit 面板回归模型，实证测试了经济发展水平、工业结构、外资利用水平、政府环境规制力度等因素如何影响长江经济带的工业生态效率。罗能生和王玉泽（2017）研究发现，以政治晋升激励为基础条件，财政分权程度的提升会引致生态效率的下降；"治理投入型"的环境规制与生态效率之间存在 U 形关系，"经济激励型"的环境规制对生态效率没有明显作用；随着环境规制强度的提高，财政分权对生态效率的作用从"攫取之手"变为"援助之手"。屈小娥（2018）利用 2004～2014 年我国省级面板数据对影响生态效率的因素进行了实证研究，确定了以下几个因素：经济发展水平、环境规制、结构变量、对外开放度和城市化水平。张英浩等（2018）建立了将经济发展水平、技术研发、外资利用能力、产业结构等作为控制变量的空间计量模型，着重研究了环境规制这一重点要素对国内区域绿色经济效率的作用。邹璇等（2018）认为交通通达性在一定程度上决定了生态效率，提高交通通达性的纯效率可以有效提升生态效率；信息的可获得性在提高纯技术效率的同时，也可以促进生态效率的提升。刘云强等（2018）利用 Tobit 模型，就绿色技术创新和产业集聚对长江经济带城市群生态效率的影响展开调查，结果表明上述两个要素的影响因地区而异。

张广胜和陈晨（2019）发现，高技术服务业较短时间的集聚不会提高生态效率，但长时间的集聚会产生有益反应；制造行业和服务行业的聚集相对于单一产业聚集更加有利于提升生态效率。吴义根等（2019）研究地区人口的持续增长以及工业结构升级对区域生态效率的影响，结果显示资源禀赋和工业结构之间的统一性和连通性对于提高生态效率具有驱动作用。李贝歌等（2021）使用 Super-SBM 模型测量了 2006～2016年黄河流域 8 个省份多个地级城市在整个流域和不同流段、不同尺度上的工业生态效率，同时也研究了其他影响生态效率的因素，包括经济发展水平、科技投入、经济外向度、环境规制以及工业集聚强度等。刘淼（2021）以长江经济带的 108 个地级及以上城市为研究对象，运用 SBM-DEA 模型评估其生态效率，以此来研究长江经济带的生态效率在时间以及空间上的特有变化规律，同时采取最小二乘法研究城镇化建设对区域生态效率的作用。

本书归纳总结的生态效率的影响因素如表 1 - 1 所示。

表 1 - 1　生态效率的影响因素

作者	年份	研究方法	影响因素	研究对象	研究尺度
陈傲	2008	因子分析赋权	环保资金投入、环境政策、产业结构	中国	省份
崔玮等	2013	DEA、Malmquist 指数	经济发展、创新能力、土地利用强度、所有制结构和对外开放度	中国	省份
郭存芝等	2014	因子分析	经济发展水平、产业结构、科技进步、出口依存度、环境改善投入力度、环境资源区位竞争力、城市规模、城市类型	中国	城市
汪克亮等	2015	Tobit 面板回归模型	经济发展水平、工业结构、工业能源消费结构、外资利用水平、政府环境规制力度	长江经济带	省份
吴鸣然和马骏	2016	DEA 方法、Tobit 模型	经济规模、产业结构、地区因素、区域虚拟变量	中国	省份
陆砚池和方世明	2017	SBM-DEA 模型、Malmquist 指数	生态压力、居民生活水平、工业发展水平、生态技术水平、环境生态投入、产业结构	武汉城市圈	城市

作者	年份	研究方法	影响因素	研究对象	研究尺度
梁星和卓得波	2017	熵权法	经济发展水平、产业结构、外资利用、环境政策、技术创新、城镇化、平均受教育水平	中国	省份
刘云强等	2018	Tobit 模型	绿色技术创新和产业集聚	长江经济带城市群	城市
陈作成和龚新蜀	2013	产业系统生态效率度量模型	收入变量、结构变量、产业结构、技术变量、制度变量	中国西部地区	省份
李强和高楠	2018	Malmquist-DEA 模型、其他计量模型	创新、经济增长、产业结构偏离度、产业升级	长江经济带	城市
邓霞	2019	Super-SBM 模型、Tobit 回归模型	地区经济发展水平、产业结构、科技进步和地区因素	长江经济带	省份
屈小娥	2018	超效率 DEA 方法、空间计量模型	经济发展水平、环境规制（命令型环境规制、市场型环境规制）、结构变量（产业结构、禀赋结构、产权结构）、对外开放度（投资开放度、贸易开放度）、城市化水平	中国	省份
田泽等	2017	DEA 模型、Malmquist 指数、Tobit 模型	经济发展水平、政府规制、城市结构、对外经济、研发强度	"一带一路"区域	省份
邢贞成等	2018	Shephard 生态距离函数、随机前沿分析模型	经济发展水平、环境规制、产业结构、外资规模	中国	省份
李贝歌等	2021	Super-SBM 模型与其他计量模型	经济发展水平、工业集聚强度、科技投入、经济外向度、环境规制和经济密度	黄河流域	城市
刘淼	2021	最小二乘法、SBM-DEA 模型	城镇化建设	长江经济带	城市

当前关于生态效率已经开展了较为丰富的研究，而关于生态效率影响因素的研究则相对少些，其中也有学者引入截面回归模型、空间回归

模型、Tobit 回归模型并结合 DEA 多种模型等方法探讨生态效率的影响因素，但仍存在一些不足。一是研究内容上，影响因素的指标体系众说纷纭，尚未形成统一的看法，诸多学者对于指标的选取不够严谨科学，缺乏理论的依据和现实的考量。二是研究方法上，当前关于生态效率影响因素的研究多采用传统面板数据，以横截面为主，尚未考虑空间效应和区域的差异等。

第二节　国内外旅游生态效率的研究进展与启示

一　研究热点分析

与生态效率文献计量分析类似，在两个数据库中对"旅游生态效率"和"eco-efficiency of tourism"关键词进行高级检索，在 CNKI 设定检索条件时选取主题或关键词或篇名为"生态效率"并且含有"旅游"的文献，文献来源选择 CSSCI、CSCD 期刊以及其他核心期刊，共检索到 132 篇文献（数据截至 2022 年 3 月 5 日），进一步经过人工筛选，剔除无版权文献及不相关文献数据，最终确定 53 篇内容为旅游生态效率的文献作为分析样本。在 Web of Science 核心数据库中选择 SCI-EXPANDED & SSCI 数据库，为尽可能地包含更多的相近关键词，在高级检索中设定检索语句为 TS = eco-efficiency AND TS = tourism，选择文献类型为 Article，共检索到 43 篇文献（数据截至 2022 年 3 月 5 日），最终导出所有英文文献作为文献分析数据。

图 1 - 4 和图 1 - 5 显示了国内外旅游生态效率研究的关键词共现知识图谱，展示了国内外学者对旅游生态效率研究的热点。按照关键词出现的频率，中国旅游生态效率研究的高频关键词分别是"旅游生态效率""生态效率""旅游业""数据包络分析""空间自相关""可持续发展""影响因素""旅游经济""旅游效率""外商直接投资""Super - SBM 模型""DEA"等；国际上的高频关键词是"eco efficiency""eco-efficiency" "CO_2 emission" "energy" "footprint" "impact" "data envelopment analysis" "climate change" "framework" "destination" "carbon footprint" "energy consumption" 等。

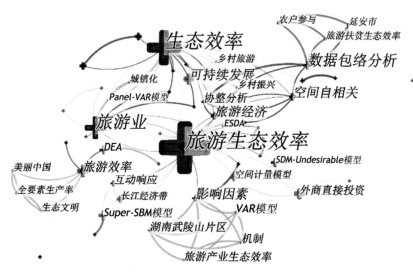

图1-4　国内关键词共现知识图谱

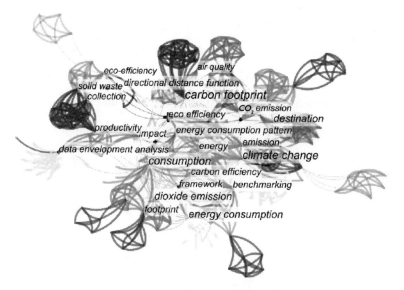

图1-5　国外关键词共现知识图谱

由可视化图谱及关键词频数统计可知，国内旅游生态效率的研究中，"旅游生态效率"出现频次最多，由旅游生态效率这一关键词延伸出众多关键词。涉及研究内容的高频关键词包括"旅游生态效率""生态效率""旅游效率""外商直接投资""可持续发展""影响因素""互动响应"等；涉及研究尺度的高频关键词为"旅游业""长江经济带""旅游经济"等；涉及研究方法的高频关键词为"数据包络分析""Super-SBM模型""SBM-Undesirable 模型""DEA""空间计量模型""空间自相关"等。从这些关键词属性可以看出国内旅游生态效率研究的基本格局，揭示出主流的研究方向。

在国外旅游生态效率研究中，涉及研究内容的高频关键词为"footprint""impact""carbon footprint""energy consumption pattern"等；涉及研究尺度的高频关键词为"destination"等；涉及研究方法的高频关键词有"data envelopment analysis"等。

对文献数据进一步进行关键词聚类分析，得到国内外旅游生态效率研究关键词共现聚类图谱，如图 1 - 6 和图 1 - 7 所示。由图谱可知，中国旅游生态效率研究关键词聚类为"生态效率""旅游生态效率""空间自相关""旅游经济""全要素生产率"；对于国外而言，关键词聚类为"tourism development""economic input-output life cycle assessment""water efficiency""optimization""undesirable output""panel data""coastal regions""decision-making trial and evaluation""resource efficiency"等。

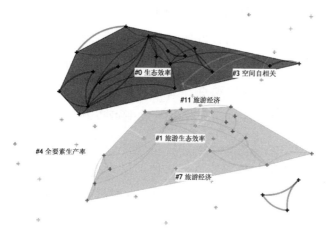

图 1-6 国内关键词共现聚类图谱

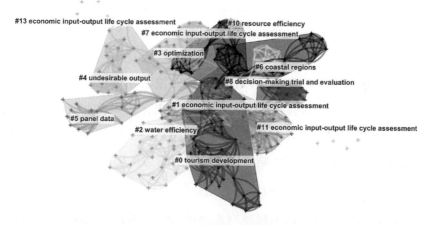

图 1-7 国外关键词共现聚类图谱

二 国内外旅游生态效率研究主要内容

（一）旅游生态效率的概念内涵与特征

Gössling 等（2005）率先在可持续旅游的领域中，引入了生态效率理念。作为全新的领域，旅游生态效率的作用在于促使旅游产品和服务的多元化发展，以减少资源浪费、污染物排放，提供核心指标进行有效的评估，并推进旅游行业的可持续发展（Liu et al.，2017）。从现阶段来看，与旅游生态效率相关的定义存在多方观点，绝大部分学者是借鉴生态效率的含义进而拟定对应的观点，主要有以下几个代表性的观点。Gössling 等（2005）的观点认为，旅游生态效率可以利用旅游收入与碳排放量的比值加以表示。肖建红等（2011）的观点认为，旅游生态效率可以利用温室气体排放量与旅游收入的比值加以表示。这就说明旅游对生态环境的压力会直接影响旅游经济的发展。针对旅游生态效率的问题，姚治国和陈田（2015）的观点认为，旅游生态效率是一个关键性指标，可以有效地评估旅游可持续发展的能力。本书通过归纳总结国内外诸多学者的观点可知，旅游生态效率这一关键性指标可以有效评估旅游发展与环境之间的关系，同时针对旅游产生的生态效率问题，可采用二氧化碳排放量与旅游收入的比值进行评估。在国内的《旅游学刊》中，钟林生、马勇等学者不止一次地发表关于旅游生态效率和经济发展方面问题的研究。总而言之，国内外学者针对旅游发展效益的问题一般采用旅游总人次、旅游总收入等指标加以评估，针对旅游环境影响的问题一般采用旅游碳足迹、旅游碳排放量等指标加以体现，从本质上应进一步保证资源投入最小化，最大限度地减少对环境的影响，实现经济效益的最大化，确保经济价值与环境影响之间的关系实现均衡化。

（二）旅游生态效率的应用研究

当前旅游生态效率越来越受到旅游研究领域学者的关注（Gössling et al.，2005；Hadjikakou et al.，2015）。这些研究大多是在部分因素框架下对旅游生态效率进行评价，采用单一指标或综合指标，却忽略要素投入之间的替代关系而导致估计偏差（Huang et al.，2014）。为了克服上述局限性，一些学者基于前沿的技术（即数据包络分析和随机前沿分析）在全要素框架下测量旅游生态效率（Liu et al.，2017）。在这些前沿的技术中，数据包络分析（DEA）作为一种非参数全因子分析方法，被广泛应用于旅游生态效率评价，因为 DEA 模型不需要预先设定功能形式，也不需要对错误项进行严格假设（Peng et al.，2017）。

随着世界各地旅游业的持续发展，其通过能源消耗、废物和污染物排放对环境的负面影响已被关注。在此背景下，如何实现旅游可持续发展已成为旅游经济研究的焦点之一。在旅游可持续发展的争论中，旅游生态效率从可持续发展的角度将旅游产业的环境目标与经济目标联系起来，越来越受到学术界的关注。

当前，诸多学者对旅游生态效率进行了评价和分析（Yang et al.，2008）。在这些研究中，对旅游产业的各个方面进行了生态效率研究，如旅游行程产品（Yang et al.，2008）、交通（Reilly et al.，2010）、目的地（Kelly and Williams，2007；Minoli et al.，2015；Peng et al.，2017）和部门或行业（Chan and Lam，2003；Charara et al.，2011）。目前这些有关旅游生态效率的研究大多集中在部分因素框架下的生态效率评价，没有考虑要素投入之间的替代关系。当然也有一些学者（Liu et al.，2017；Peng et al.，2017）在全要素框架下考察了旅游生态效率的变化，但忽略了生态技术的变化，没有考虑区域异质性。

第一，旅游目的地及产品生态效率。本书通过归纳总结国外学者在生态效率方面的研究可知，多半运用单一比值法深入探讨旅游目的地生态效率。Kytzia 等（2011）选择达沃斯作为研究对象，利用投入－产出分析法，结合经济效益、土地利用、就业等指标数据，有效评估该区域的旅游生态效率。Kuo 和 Chen（2009）以岛屿型旅游目的地为研究对象，采用生命周期评价法探讨旅游者到当地旅游产生的碳足迹，以及消耗的能源量等数据指标，完成当地旅游生态效率的核算。国外学者在核算旅游生态效率的过程中，主要是利用生态足迹、碳排放等指标，探讨并核算其对旅游环境产生的影响。绝大部分国内学者在核算旅游生态效率时运用生态足迹、碳足迹指标，并采取自上而下的方法着手开展与之相关的研究。章锦河和张捷（2004）选择黄山市旅游地为研究对象，深入探讨并解析当地的旅游生态足迹。甄翌（2014）选择张家界为研究对象，基于碳足迹和生态足迹的生态效率评估模型估算得出当地的旅游生态效率。姚治国等（2016）选择海南省为研究对象，利用生命周期法，计算得出当地的旅游能源消耗、旅游碳足迹以及旅游生态效率等数据，同时在指标数据的基础上对旅游生态效率区域差异进行成因机制分析，并以旅游者、企业为目标群体，结合调查问卷，深入探讨并研究其对旅游生态效率感知的态度。

第二，旅游业生态效率。从整体层面上看，国内外在旅游业生态效率方面的研究还存在诸多不足，将研究的重点放在与旅游业相关的六个部门上，探讨与住宿、交通、活动等相关的旅游业生态效率，绝大多数的研究采用单一比值法进行测算，在进行旅游业生态效率测度的过程中，单一指标法主要运用旅游环境、旅游业经济价值等指标加以研究。单一类型的指标中，包含旅游业碳排放、旅游业生态足迹等两种类型指标；多类型的指标中，主要包含旅游业增加值、旅游业收入等类型指标。

近些年，相关研究逐渐深入并构建测算指标，采用 DEA 模型探讨分析旅游生态效率。国内外诸多学者核算旅游生态效率的研究中，最大的冲突在于构建产出指标方面的争议，另外还包含与资源、环境投入、经济产出等相关的指标。绝大多数情况下，学者采用总产值表征经济指标，依据研究对象的复杂性、研究目的，并结合数据的可得性，选择不同的资源、环境指标。

绝大多数学者在测算旅游活动、酒店、交通等部门生态效率的过程中，运用了旅游生态效率模型，较为普遍的是依据旅游目的地，对旅游碳足迹、旅游生态效率的测度。黄和平等（2019）以乡村旅游目的地为研究对象，从生命周期、生态效率模型着手，深入探讨并科学测度不同环节的生态效率，比对其存在的差异。

第三，区域旅游生态效率。国外学者多半是运用单一指标法，环境指标选择的是旅游业碳排放量、碳足迹或者生态足迹，产出指标选择的是旅游总收入，在这两类指标的基础上，通过比值测算得出旅游生态效率。Gössling（2002）选择不同的国家和地区作为研究对象，采用定量化的方式核算其旅游生态效率，最终得出，不同目的地的旅游生态效率存在巨大的差别。Wackernagel 等（2004）通过相应的研究，最终得出，因为全球平均生态足迹在持续增长，只有严格管控，才能确保其在生态承载力之内。Reilly 等（2010）选择哥伦比亚、加拿大惠斯勒等案例作为研究对象，通过问卷调研结合实地研究的方式，探讨当地旅游碳足迹和能源消耗的问题。Cole 和 Sinclair（2002）在分析旅游目的地可持续发展的过程中，对旅游生态足迹与旅游承载力进行了探讨。

在国内的研究中，朱承亮等（2009）选择我国 30 个省份的旅游业作为研究对象，采用随机前沿生产函数，结合实证研究的方式，探讨旅游产业效率，最终得出，我国旅游产业效率的总体水平偏低，但是具有稳步上升趋势，并且区域差异明显。姚治国等（2016）在研究海南省旅游产出和投入的过程中，采用了旅游碳足迹、能源消耗、旅游经济收入等指标，进一步核算了与旅游相关的住宿、活动和交通的生态效率。孙玉琴（2012）以我国滨海区域旅游业作为研究对象，创建出相应的模型，产出指标选择的是旅游总收入、旅游总人次，资源投入选择的是包括海岸线面积在内的土地投入，劳动力投入选择的是第三产业从业人员，资本投入选择的是城市固定投资额，旅游资源赋禀选择的是景区、景点数量等，最终得出了与生态指标相关的生态环境评价结果，进而核算出该地区的旅游生态效率。梁明珠等（2013）选择广东省城市旅游作为研究对象，旅游资源投入指标选择的是旅行社、星级酒店数量以及旅游业从业人数，旅游产出指标选择的是过夜游客数量、旅游总收入等，依据这些指标，计算得出当地旅游生态效率。李会琴等（2016）选择湖北省旅游作为研究对象，旅游产出选择旅游收入、旅游接待人数指标，资源投入选择劳动、资本等指标，依据以上指标计算得出该地的旅游生态效率。梁流涛和杨建涛（2012）选择中国旅游业为研究对象，在测算技术效率时选择旅游从业人数、固定资产投资、星级酒店数量以及旅行社数量等具体投入指标，选择旅游业收入和旅游接待人数等具体产出指标。韩元军等（2015）以北京、海南等五省市的旅游业作为研究对象，采用非期望产出的 DEA 模型等，并选择以旅游企业营业收入、营业税金为期望产出，旅游碳排放为非期望产出等数据，结合企业从业人数、投资额等指标，评价旅游产业效率。查建平（2016）选择中国 30 个省域旅游业作为研究对象，构建出相应的模型，旅游资源投入选择的是资源禀赋、旅游业年末从业人员数量、旅游业固定资产原值等指标，旅游产出选择的是旅游总收入等指标，在这些指标基础上开展对应的研究。

刘佳和陆菊（2016）在评价中国旅游产业生态效率的过程中，构建出相应的指标，并结合 DEA 方法加以研究分析，其中产出指标选择的是旅游总收入，选择星级酒店、旅行社等作为投入指标，旅游环境污染指标选择的是地区废水、固体废弃物等。龚艳等（2016）选择长江经济带旅游业作为研究对象，产出指标选择的是旅游总人数和总收入，劳动力、土地、资本等三要素构成了投入指标，其中劳动力投入变量选择的是旅游企业年末从业人员数，土地投入变量选择的是 A 级旅游景区加权数，资本投入变量选择的是旅游企业固定资本存量。同时有一部分学者在时空维度基础上，深入探讨旅游生态效率的演变过程。林文凯和林璧属（2018）选择江西省地级市为研究对象，利用 ESDA 空间分析手段，进一步探讨在空间上不同城市旅游生态效率的区别。王兆峰和刘庆芳（2019a）选择长江经济带为研究对象，充分运用标准差椭圆、重心模型等方法，演示当地旅游生态效率的时空演变过程。

基于生态效率、低碳旅游、可持续发展理论，创建旅游生态效率。本书通过归纳总结国内外与旅游生态效率相关的文献发现，不仅仅研究的方法更加多样化，而且研究内容也更加广泛。例如，环境影响主要通过旅游生态足迹、旅游碳足迹、旅游碳排放等指标表征，旅游经济效益选择的是旅游总收入表征。在衡量旅游生态效率时不再采用单一比值方法，通过构建出资源消耗、环境影响、经济效益等指标进行研究，并借助 DEA 模型计算得出旅游生态效率。

第四，旅游生态效率的影响因素。相对而言，从现阶段来看，我国旅游生态效率影响因素的研究还处于初级阶段，国内外甚少涉及这方面的研究。国外学者在研究旅游生态效率的过程中，探讨经济发展水平、区位条件等因素是否与之相关。Buhalis 和 Law（2008）针对电子旅游业内部结构的优化升级进行研究，最终得出，旅游生态效率与技术创新、信息技术等影响因素有直接关系，这就说明加强技术创新、发挥信息技术的作用，可以有效提升旅游生态效率。Denicolai 等（2010）针对当地旅游产业的优化和发展问题提出了自己的观点，即基于当地丰富的旅游资源，制定相应的政策措施才是最有效的。Ramukumba 等（2012）选择南非某省的乔治社区作为研究对象，并借助结构方程假设这一方法着手开展研究，最终得出，旅游生态效率的提升与当地的经济发展水平、旅游服务业等有直接关系。Causevic 和 Lynch（2013）选择波黑作为研究对象，开展与旅游业相关的研究，最终得出，旅游业的发展与政治环境息息相关，总而言之，政治时局不稳定，会阻碍旅游业的发展，因而逐步强化并协调二者的发展，可以有效提升旅游生态效率。

国内与旅游生态效率相关的研究如下。通过具体化阐述旅游业的集聚现象之后，邓冰等（2004）得出观点，交通区位、政府政策两个因素对旅游业效率产生了影响。旅游者到当地旅游之后，能够完美地体验出产品和服务的价值，说明在旅游产业的发展过程中，便利的交通条件起到了正面的影响作用。吴思（2007）选择旅游业作为研究对象，通过研究最终得出，互联网技术、通信等因素直接影响旅游业的潜力和竞争力，主要表现在以下两方面：第一，旅游产业与互联网技术、通信等之间有着非常紧密的关系，说明其是一个信息密集型产业；第二，我国以及一些发达国家通过时间证明，在提升旅游生态效率方面，互联网、通信等技术功不可没。戴卓（2013）通过对我国入境旅游业效率研究最终得出，行业中旅游业所占比重、相对点度中心性、人力资本、制度、限制度等因素对其产生相应的影响。王淑新等（2016）选择秦巴地区 4 个典型景区作为案例着手开展与旅游生态效率相关的研究，探讨在景区运营阶段与旅游生态效率相关的因素，最终得出，旅游生态效率与接待游客量、景区服务供给、电力消耗所占比重等因素有直接关系。

肖黎明和张仙鹏（2019）在探讨旅游生态效率的过程中，通过指标划分方法进行研究最终得出，人均 GDP、交通运输、水污染处理率、全员劳动生产率、家用汽车数量等因素与之息息相关。在前人研究的基础上，梁雅楠（2020）选择云贵两省作为研究对象，利用最小二乘线性回归模型，进一步探讨与旅游生态效率相关的因素，最终得出，对于云南省旅游生态效率而言，外资利用、技术市场成交比率、家用汽车拥有量等因素与之有直接关系；而对于贵州省而言，水污染处理率、单位工业增加值能耗等因素与之有直接关系。

卢飞和刘德亚（2019）在探索与旅游生态效率相关因素的过程中，采用省级面板数据和空间计量模型开展相应的研究，最终得出，对于省份旅游生态效率而言，外资的进入能够产生正面的影响，同时在提升旅游生态效率的过程中，技术进步、劳动生产率、政府对旅游经济的干预也能够产生正面的影响。王兆峰和刘庆芳（2019b）选择 2007~2016 年旅游生态效率基础数据，探讨其时空演变特征，并采用多种方法进行研究，最终得出，对于各个省份的旅游生态效率而言，旅游产业结构、科技发展水平、城镇化发展水平等对其产生较大的影响，并且表现出较强的空间异质性。黄钰婷（2020）以 31 个省份为研究对象，创建科学合理的投入产出指标体系，结合 DEA 模型，计算得出相应的旅游生态效率，并通过面板回归得出，区域产业结构、服务水平、科技水平、经济水平等因素对旅游生态效率产生了关键性作用。石江江和杨兵兵（2020）通过对民族地区进行研究，计算该地的旅游生态效率，最终得出，旅游生态效率与当地的对外开放程度、信息化水平、地区产业结构等因素有直接关系，并且其与当地交通条件、服务业发展水平等呈负相关关系。

第三节　旅游生态效率与旅游经济发展的互动响应研究

　　基于生态效率的概念内涵，可知生态效率是在可持续发展背景下对人类生态环境与社会经济运行关系的深入探讨和研究。旅游业是资源集中型产业，也是服务消费型产业。相较于其他产业，旅游业环境污染较少、生态破坏较少、能源消耗较少、产业带动性较强，是典型的绿色产业，是生态文明建设的重要载体。作为我国经济社会发展的重要组成部分，旅游业应做好我国生态文明建设的践行者，在贯彻新发展理念、构建新发展格局中发挥着重要作用。旅游业已经逐步融入现代经济社会发展全局，2019 年中国旅游业综合贡献占 GDP 的 11.05%，对国民经济的综合贡献稳中有升。另外，国内外学者对旅游业的生态效益和经济效益开展了积极探究。旅游生态效率以"资源投入和环境破坏最小化，社会经济效益最大化"为宗旨，是衡量旅游可持续发展的重要指标。厘清旅游生态效率与旅游经济发展之间的关系，能够为旅游业更好地实现健康可持续发展提供理论指导。

一　生态效率与区域经济发展的互动响应

　　Van Caneghem 等（2010）提出了一种生态效率测度方法，其中包括气候变化、酸化、光氧化剂、淡水水生生态毒性、富营养化、能源消耗和废物产生等生态效率指标，他们利用 1995～2006 年弗兰德工业区的排放、消费和生产数据研究环境影响与经济增长的关系。气候变化、酸化、光氧化剂、人体毒性、淡水水生生态毒性和富营养化的生态效率在 1995～2006 年分别提高了 39%、55%、41%、58%、72% 和 53%。在每一类影响中，尽管产量有所增加，但总影响减小，表明环境影响和经济增长绝对脱钩。Arbelo 等（2014）探究了生态效率中环境绩效和经济绩效之间的关系，利用自由分布方法，对西班牙 199 家矿业公司相关年份的数据开展了实证分析，结果表明，环境绩效与经济绩效呈正相关，为生态效率研究范式提供了实证证据。

陈黎明等（2015）运用混合方向性距离函数模型（HDDF）对 2011年"两横三纵"城市化战略格局中 62 个重要节点城市的经济效率、环境效率和生态效率进行了实证研究，通过非效率分解探讨了影响城市经济与环境绩效的根源。其中，不同城市群效率损失的原因不同，经济产出不足是大部分城市群生态效率恶化的主要原因。臧正和邹欣庆（2016）基于已有的生态系统服务理论，提出生态－经济产出效率概念及其内涵、表征方法，应用探索性空间数据分析方法和偏最小二乘回归法对 2001～2013 年中国大陆 31 个省份生态－经济产出效率的时空关联格局及其驱动因素展开实证研究，发现中国大陆省际生态－经济产出效率整体提升，自西向东依次提高的三级梯度分布格局基本形成。王旭等（2020）通过构建 DEA 模型与耦合协调度模型，利用东北地区哈长城市群 11 个地市 2011～2018 年的面板数据，测算出各地市的城市化效率、生态效率、经济发展水平及其耦合协调度，对城市化效率、生态效率和经济发展水平三个系统耦合协调关系作用机理进行深入研究。实证分析发现，哈长城市群总体上城市化效率稳定；生态效率受到规模效率的影响，且波动幅度明显；经济发展水平差异格局持续存在，两极分化明显。陈作成和龚新蜀（2013）提出，影响生态效率的途径有经济侧面和生态侧面两条，经济规模增长伴随的是资源的消耗和污染物的排放，而生态环境变化和经济增长之间的相对速度决定了生态效率的变化。

二　旅游生态效率与旅游经济发展的互动响应

Gössling（2002）对旅游业的环境影响和经济收益进行交互分析，通过旅游碳足迹模型的评估，对美国落基山国家山地公园、荷兰阿姆斯特丹、法国、塞舌尔等国家和地区的旅游生态效率进行了定量测度，并对生态效率进行了比较，认为导致不同客源地市场生态效率差异的原因较多，主要包含旅游者的人均支出、停留时长、客源地与旅游目的地距离、旅游交通方式、游客个人行为习惯、度假地类型选择偏好等。Kytzia 等（2011）以瑞士阿尔卑斯山地区的达沃斯为案例，根据经济效益、土地利用、就业等指标数据，结合应用扩张性投入产出模型（Augmented Input-Output Model）对旅游生态效率进行评价。模型测量显示，旅游地可持续发展能力和土地利用效率的影响因素包括旅游经济效益、居住密度、酒店的床位密度，另外空间规划、建筑设计、设施管理等措施对提高旅游部门土地利用率、增加经济产出也起到了重要作用。

徐秀美（2015）论证了生态效率作为旅游地经济效率影响因素及将旅游产业技术效率纳入经济效率测评模型的可行性，在对影响西藏乡村旅游地经济效率的因素进行梳理后得到，提高生态效率也是提高旅游地经济效率的一个重要方面，生态效率及旅游产业技术效率是西藏乡村旅游地经济效率的主要影响因素，同时两个要素之间存在互相影响的联动关系。王文捷和刘冬晔（2016）基于河北省农业环境与特色，对农业生态旅游所带来的相关经济效益进行定性分析，探索了农业生态旅游问题，从宏观与微观两个方面对农业生态旅游的经济带动开展策略性研究。万媛媛等（2019）基于绿色发展背景，以广东省为例，综合运用脱钩理论、单位根检验、协整分析、误差修正模型、Granger 因果关系检验以及方差分解等方法，分析了广东省旅游收入与经济效应和生态效应之间的协整关系。旅游产业对其经济增长的贡献率呈现波动上升趋势，旅游环境的改善能够刺激旅游经济收入的增长。王兆峰和刘庆芳（2019b）利用非期望产出的 Super-SBM 模型测算长江经济带 2007～2016 年的旅游生态效率，借助 VAR 模型，探析旅游生态效率与旅游经济发展双向作用的关系。结果显示，长江经济带东部、中部、西部旅游经济发展对旅游生态效率的贡献率随时间推移逐渐升高，旅游生态效率对旅游经济发展的贡献程度随时间推移逐步降低。王胜鹏等（2020）运用同样的研究方法，基于地理学视角，探究了2000~2016年黄河流域旅游生态效率的时空演化轨迹，分析旅游生态效率与旅游经济发展之间的互动响应关系，结果发现多数省域旅游生态效率与旅游经济发展的脉冲响应呈平滑态势，前期波动较大而后期趋于平稳，但存在一定的区域差异性；各省域旅游经济发展与旅游生态效率的相互贡献程度整体上都随着时间的推移而逐步提升。李志龙和王迪云（2020）以武陵山片区为研究案例，综合经济与环境因素，利用DEA方法，对研究区域的旅游经济－生态效率进行了测度，构建了影响因子分析模型，其中生态因子对经济较发达地区作用较强，对经济欠发达地区作用较弱；经济因子对经济较发达地区作用较弱，对经济欠发达地区作用较强。

从现有的研究来看，众多学者将经济发展水平作为影响生态效率的重要因素之一，但正式研究旅游生态效率与旅游经济发展之间关系的文献很少。旅游生态效率与旅游经济发展的互动响应关系还有待进一步探究，在此基础上的实证研究也尚待开展。

第四节　文献述评

通过系统回顾国内外关于生态效率、旅游生态效率及旅游生态效率与旅游经济发展互动响应的诸多研究，可以发现现有文献关于生态效率的研究已较为丰富，其中关于生态效率的概念、应用及评价指标体系等已经形成基本共识。但是国内外关于旅游生态效率的研究尚处于发展阶段，相关文献数量相对于生态效率要少很多，呈现以下几个方面的特点。一是与旅游生态效率相关的文献多集中于个案研究，从宏观层面的国家、区域（省份）研究到中观层面的地市级和县级研究，再到微观层面的旅游目的地和旅游企业研究。二是研究主要集中在对旅游生态效率的测度上。旅游生态效率的测度是相关研究的前提，在案例实证分析中，单一比值法、指标体系法、模型法是常见的生态效率测度方法。由上述研究可知旅游生态效率测度方法较为单一，目前国内关于旅游生态效率的研究基本是套用、借鉴国外研究的方法进行参数选取和估计，少有学者通过调查本土具体情况而确定合适的估算参数，这也是未来旅游生态效率研究的趋势和方向。另外，关于旅游生态效率评价指标体系的选取也不尽相同，尚未形成统一的、科学严谨的体系。

关于旅游生态效率的影响因素，通过前文的综述可以看出，当前国外学者多聚焦于区域的旅游资源、政府制定的旅游政策、区域的管理模式、旅游区域整体经济发展水平的高低以及内部服务性相关行业的发展速度，将其视为影响旅游生态效率的重要因素。而国内关于此类的文献则更多的是从整个区域进行宏观研究，以及分类更严谨的中观研究，对于旅游生态效率的影响不可忽视以下几点因素：区域经济发展、政府政策、区域地理位置、信息技术水平、创新能力、服务管理水平等。总体来看，现有文献中关于旅游生态效率影响因素的研究还不算太多，而这些影响因素对于提高旅游生态效率至关重要，是制定相关政策和改革的重要决定因素，通过对旅游生态效率影响因素的研究将更有利于制定有针对性的节能减排、提质增效的旅游发展措施，旅游生态效率影响因素的研究是未来可继续探讨的方向。

在旅游生态效率与旅游经济发展的关系中，学术界普遍认同经济发展水平是影响生态效率的重要因素之一，但在旅游生态效率影响因素的文献中鲜有对二者间关系的具体研究，旅游生态效率与旅游经济发展的互动响应关系还需要进一步通过理论分析与实证分析加以验证。

第五节　理论基础

一　可持续发展理论

1972 年 6 月，联合国召开了和人类环境有关的研究会议，会上颁布了《人类环境宣言》，宣言中明确表示：环境是人类赖以生存的根本。

世界环境与发展委员会主席布伦特兰在 1987 年述职报告中就首次提出了"可持续发展"的定义以及其对环境保护的意义，他还明确表示可持续发展是一个持续和动态的过程。尽管学术界对于可持续发展理论的应用标准各执己见，但联合国关于可持续性、公平性及共同性的可持续发展理念却得以发展，并成为人与自然和谐相处的黄金准则。可持续发展的目的是保持社会经济稳定发展、环境可持续利用、人与自然和谐相处的相对状态，其中环境可持续利用是人与社会稳定发展的前提条件，最终是为了达到人与自然、资源以及环境的协同可持续发展。

联合国环境规划署与世界旅游组织在 1995 年共同研究制定了《可持续旅游发展宪章》和《可持续旅游发展行动计划》，它们的制定和实施促进了旅游业的可持续发展。但到目前为止，学界关于旅游可持续发展的认识与理念却形成多样化的观点。对于旅游可持续发展的分歧主要有四种观点：第一种观点是把可持续发展旅游业和传统旅游业放在对立面；第二种观点是连续集论，认为可持续发展旅游业与传统旅游业虽有不同但是也有诸多重合的部分；第三种观点是转变论，认可旅游可持续发展并且积极响应发展趋势，推进传统旅游业转变为可持续发展旅游业；第四种观点是融合论，认为不管何种旅游方式都应朝着可持续发展的终极目标推进。上述四种观点直观体现了人们对可持续发展的理解程度，之所以观点存在分歧，是因为人们对于旅游可持续发展和人与环境可持续发展在认知上存在差异。

也有专家学者指出可持续旅游（Sustainable Tourism）的说法，因为过于关注旅游业态本身，而忽视了可持续发展这一概念，甚至提出这种理念与可持续发展的宗旨在表述方面存在偏差，可以修正为基于可持续发展背景的旅游业（Tourism in the Context of Sustainable Development）。本书对于这种说法也持肯定态度，针对基于可持续发展背景的旅游业，不能只顾眼前利益，要有长期的发展规划、更加宽广的眼界，深刻剖析旅游行业在人类和自然的可持续发展以及社会经济的稳定发展中发挥的作用。不仅仅在于旅游行业内的可持续发展，更要在旅游业持续稳定发展过程中，做到旅游业发展与自然环境、社会经济、文化等有关产业的协同发展。

旅游可持续发展框架如图 1 - 8 所示。

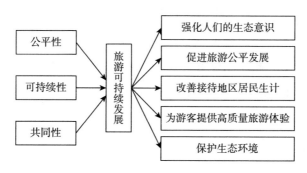

图 1 - 8　旅游可持续发展框架

目前，可持续发展理念还处于成长阶段，伴随着时代的发展和进步，无论是政府还是民众都越来越注重生态文明建设，这将使可持续发展的理念得到更加深入的推进。生态文明社会的发展观念中，人类文明经历了接受自然界—探索自然界—征服自然界—与自然界共生及协调发展的演变，也是目前可持续发展理念最好的体现。生态文明社会的发展理念可以很好地指导旅游业的可持续发展和进步。

二　区域经济增长理论

区域经济增长理论最先在新古典经济学中被提出来。新古典经济学认为在经济政策开放以及相关要素充分流动的大环境下，区域经济的发展要注意平衡，以减小区域经济的落差，使区域经济实现共同增长。Williamson（1965）指出区域经济发展的主要差距呈现倒 U 形曲线，即初期地区之间的经济差距会逐渐变大，当经济发展到一定阶段时，地区间的经济差距会逐步缩小。总体而言，区域经济的差距是短暂的，会随着时间的推移而慢慢缩小。Grossman 和 Krueger（1991）针对 Kuznets 所给出的"倒 U 形假说",将其运用到环境破坏与经济发展的关系中,得到了与环境有关的库兹涅茨曲线,提出了环境破坏程度和经济发展水平之间表现为倒 U 形曲线。

区域经济增长与旅游生态效率之间的关系是紧密相连的,因而区域经济增长理论对于旅游生态效率的研究具有重要的指导意义。第一,旅游生态效率评价指标体系的构建要以区域经济增长为重要的参考标准,如旅游资本投入、旅游劳动力投入等。第二,关于旅游生态效率影响因素的研究,同样要以区域经济增长为重要的指导标准。旅游生态效率是一个较为复杂的概念,其影响因素也因区域差异而表现得更为多样化。区域经济增长通过旅游环境政策、旅游消费市场等因素对旅游生态效率产生影响(见图 1-9)。

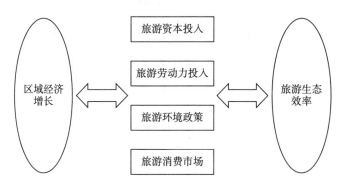

图 1-9　区域经济增长对旅游生态效率的作用

三　旅游系统理论

系统(System)出自古希腊文,意思是由部分组成的整体,即它由互相联系的几个重要部分共同组成。系统最重要的特征是由物质、信息和能量的流动互相产生作用,从而组成一个整体,这个整体同时也是更大系统的一部分。从整体的视角来看待某个系统,也是系统最重要的本质和精髓。现代旅游产业纷繁复杂,涉及行业众多,涵盖的组成部分也更加丰富多样,用传统的眼光去看待旅游产业明显脱离了时代发展的脚步，因而要加入系统理论去剖析旅游产业。

旅游产业的系统并非静止的，它是不断变化的，通过大量的人员流动、物物流通、资金流通、信息流通把整个系统的不同部分完整地连接在一起，从而组成一个复杂而又有次序的大整体。

通过组成部分以及产生作用两个方面来剖析旅游系统，是进行旅游系统研究的基础，再加入空间的视角则可以把旅游系统的研究模型构建得更加完善和全面。考虑到旅游系统和外部环境之间存在紧密关系，无论是多变的世界国际形势、社会经济发展、技术文化交流还是生态环境系统的非线性变化，研究人员都应从整体角度去看待旅游业，将生态环境的分析加入未来旅游系统和旅游科学的研究范畴里。

最早提出旅游系统概念的是 Gunn（1973），他强调将旅游系统分为供给和需求两部分。供给为旅游活动提供拉力，它包含吸引物、促销、交通、信息和服务 5 个子系统，其中吸引物最为重要，这 5 个子系统是相互依存的；而需求则为旅游活动提供推力。在这个系统中，任何一个要素的变化都会引起其他要素的变化。吴必虎（1998）将旅游系统分为四大子系统，分别是客源市场系统、支持系统、出行系统和目的地系统，其特色是将政府作用作为一个要素添加到旅游系统中。张树民等（2012）认为按照旅游系统内部各要素功能和特点，将旅游系统分为供给、需求、中介和支持 4 个子系统，各子系统互相依存，共同构成了有机的旅游系统。

旅游系统理论属于一种统一体，其组成要素具有"相互作用"和"相互联系"的特征，该理论表明各要素之间的物质、信息、能量均不是一成不变的，而是处于流动状态。从宏观的定位来看，旅游系统理论以"整体观点"为思想精髓，提倡在旅游活动领域综合运用系统理论，发挥经济、自然资源、社会环境等各要素之间的相互作用，促进旅游与自然、经济的协调发展。从微观视角来讲，旅游系统分为需求子系统、供给子系统、中介子系统、支持子系统，这 4 个子系统之间相互联系、相辅相成，共同促进了旅游系统理论的完善与创新。需求子系统既有主观要素也有客观要素，其主观要素包括游客的经济收入、闲暇时间和旅游需求，客观要素通常是指回归自然的需求、求知需求和复合型需求。供给子系统有两种要素，第一种是物质供给要素，主要包括自然资源、人文资源、文化遗产和旅游设施等；第二种是非物质供给要素，主要包括区域文化、民俗习惯和意境等。中介子系统涉及旅游组织管理、旅游信息服务和旅游交通三方面。支持子系统分为软环境和硬环境两种支持系统。通常，硬环境支持包括交通建设、卫生保障体系、基础设施配备和乡村自然生态环境保护工作；软环境支持特指经济环境支持、文化环境支持、科学环境支持和社会环境支持（见图 1 – 10）。

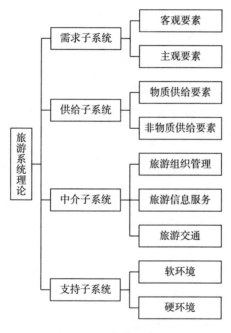

图 1 – 10　旅游系统理论

四　环境库兹涅茨曲线

Kuznets（1955）分析了经济发展和国民收入分配的倒 U 形关系，提出了库兹涅茨曲线（KC），即收入差距随着经济发展先增大后减小。Grossman 和 Krueger（1991）把 Kuznets 提出的"倒 U 形假说"引入环境污染和经济增长的研究中，得到了环境库兹涅茨曲线，表明环境污染与经济增长之间的散点曲线呈倒 U 形。此后，Grossman 和 Krueger（1995）利用多个国家和地区的数据实证检验了这种倒 U 形关系。Panayotou（1993）将环境质量和人均收入之间的倒 U 形关系称为环境库兹涅茨曲线（EKC）。国内学者据此提出区域生态效率水平与经济发展水平之间存在 U 形关系，即在经济发展水平较低阶段，经济发展是以环境污染、资源消耗为代价的，经济的发展会降低生态效率水平；但当经济发展超越临界值后，经济的持续发展会提高资源的使用效率，减少资源的损耗和污染物排放，从而会提高生态效率水平。

第六节　本章小结

本章主要从生态效率、旅游生态效率、旅游生态效率与旅游经济发展的互动响应等三方面对现有的文献进行回顾，利用 CiteSpace 软件获得的可视化图谱、关键词频数统计和聚类结果进行文献计量分析，并在此基础上对已有文献进行系统梳理和总结述评，还进一步介绍了可持续发展理论、区域经济增长理论、旅游系统理论和环境库兹涅茨曲线等相关理论，为后文的研究奠定了理论基础。

本书通过梳理相关文献可以发现，关于生态效率的研究已较为丰富，其中关于生态效率的概念、应用及评价指标体系等已经形成基本共识，但是关于旅游生态效率的研究尚处于发展阶段，相关文献数量相对于生态效率要少很多。关于旅游生态效率的文献多集中于个案研究、测度方法较为单一，尚未形成统一的、科学严谨的评价体系，且鲜有对旅游生态效率与旅游经济发展的互动响应关系的具体研究。

因此，本书将针对以上不足之处展开研究，选用 EBM 模型和 ML 指数对我国 30 个省区市的旅游生态效率进行测算，并区分东部、中部和西部地区，从区域层面对旅游生态效率的时空演变规律和影响因素加以讨论研究，且进一步通过空间计量模型、面板向量自回归模型等实证方法较为深入地研究旅游生态效率和旅游经济发展的互动响应关系，对现有文献进行补充。

第二章　旅游生态效率测度

　　对旅游生态效率的准确测度，是确保后续研究具有可行性和说服力的基础，本章对旅游生态效率的测度方法及测度过程进行详细的描述，并展示基本的测度结果。第一节比较数据包络分析的多种决策分析模型；第二节选取旅游生态效率的投入指标和产出指标，并介绍数据来源；第三节对区域旅游的能源消耗和碳排放这两个关键指标进行测度；第四节展示旅游生态效率基于 EBM 模型和 ML 指数的基本测度结果；第五节为本章小结。

第一节　测度方法

　　已有研究大多采用数据包络分析（DEA）对旅游生态效率进行测度。DEA 是衡量决策单位（DMU）效率的数据驱动工具。DEA 可以同时处理多个输入与多个输出变量的关系，已经被广泛应用到生产决策的各个领域并且成为效率评估的首选方法。DEA 有多种具有不同特征的决策分析模型。目前，常用的技术效率测量方法主要有两种：径向和非径向。从历史上看，以 CCR 模型和 BCC 模型为代表的径向测量是第一代DEA 模型，而以 SBM 模型为代表的非径向测量则是第二代 DEA 模型。新一代的模型是基于 Epsilon 的效率测量方法（EBM 模型）。该模型需要两个参数，并且需要通过亲和指数来定义输入与输出数据之间的亲和矩阵，从而估计技术效率。接下来，本书将对各模型进行介绍并说明其优势与不足。

CCR 模型以 Charnes、Cooper 和 Rhodes 三位学者名字的首字母命名（Charnes et al.，1978）。CCR 模型的核心假设是规模效益不变，其测量的效率值是包含规模效率（SE）和纯技术效率（PE）的综合技术效率（EC）。CCR 模型所测算的决策单元的主要特点是技术管理水平高和规模恰当等。以投入为导向的 CCR 模型通过求解以下线性过程来评估 DMU (x_0, y_0) 的技术效率 θ^*。

[CCR - I]：

$$\theta^* = \min_{\theta, \lambda, s^-} \theta$$

并且，服从：

$$x_0 = X\lambda + s^-$$
$$y_0 \leq Y\lambda$$
$$\lambda \geq 0, s^- \geq 0$$

其中，λ 表示强度矢量，s^- 表示非径向松弛。通常来说，[CCR - I] 是通过两个阶段来进行求解的。在第一个阶段，求解 [CCR - I] 并且获得 θ^*（弱效率）。在第二个阶段，在 λ 和 s^- 受到 $\theta = \theta^*$ 的约束的条件下，求解最大化的 $\sum_{i=1}^{m} \frac{s^-}{x_{i0}}$。然而，CCR 模型有一些缺点，其主要缺点是在报告效率 θ^* 时忽略了非径向松弛 s^-。在很多情况下，非径向松弛是有很多剩余的。因此，如果这些松弛在评价管理效率方面有重要作用，那么当我们利用效率 θ^* 作为评价决策单元绩效的唯一指标时，径向方法可能会误导决策。此外，关于比例变化 $\theta^* x_0$，如果我们采用劳动力、原材料和资本作为投入，其中一些是可替代的，不会按比例变化。径向 CCR 模型不能正确处理这种情况。

BCC 模型是以 Banker、Charnes 和 Cooper 三位学者名字的首字母命名的（Banker et al.，1984）。BCC 模型指出 CCR 模型的一些潜在假设是存在问题的，并认为很少有生产单位一直处于最优的生产状态，即规模报酬递减。因此，BCC模型是在CCR模型的基础上多了一些生产规模的约束条件。此外，BCC模型将综合技术效率划分为纯技术效率和规模效率，并且$EC = PE \times SE$。基于输入的BCC模型表示如下。

[BCC − I]：

$$\theta^* = \min_{\theta_B,\lambda} \theta_B$$

并且，服从：

$$\theta_B x_0 - X\lambda \geqslant 0$$
$$Y\lambda \geqslant y_0$$
$$e\lambda = 1$$
$$\lambda \geqslant 0$$

然而，BCC模型也没有考虑非径向松弛s^-。径向BCC模型的一个基本假定是投入和产出是同比例变化的。然而，这与实际情况是不同的。比如，资本、原材料和劳动力作为投入时并不一定是同比例变化的。因此，CCR模型和BCC模型在进行决策运算时很容易出现一定的误差。

针对上述CCR模型和BCC模型等传统径向模型存在的问题，Tone（2001）提出了在投入和产出中加入松弛项的SBM（Slack-Based Measure）模型。在规模收益不变的假设下，面向输入的SBM模型通过求解以下线性过程来评估$DMU(x_0, y_0)$的效率τ^*，其中I和C分别表示输入导向和规模收益不变。

[SBM − I − C]：

$$\tau^* = \min \left(1 - \frac{1}{m}\sum_{i=1}^{m} \frac{s_i^-}{x_{i0}}\right)$$

并且，服从：

$$x_{i0} = \sum_{j=1}^{n} x_{ij}\lambda_j + s_i^- \, (i = 1,2,\cdots,m)$$
$$y_{i0} = \sum_{j=1}^{n} y_{ij}\lambda_j + s_i^- \, (i = 1,2,\cdots,s)$$

$$\lambda_j \geqslant 0(\forall_j), s_i^- \geqslant 0(\forall_i)$$

式中，λ 表示强度矢量，s^- 表示非径向松弛。设 SBM 模型的最优解为（λ^*，s^{-*}）。那么，目标函数可以重写为：

$$\tau^* = \frac{1}{m}\sum_{i=1}^{m}\frac{x_{i0} - s_i^-}{x_{i0}}$$

因此，SBM 模型的效率 τ^* 是各分量减少率的平均值，而各分量的减少率可能因输入的不同而存在差异。SBM 模型是非径向的。因此，可以得到：

$$\theta^* = \frac{x_{i0}^* + s_i^{-*}}{x_{i0}}(\forall_i)$$

对所有的输入来说，各分量的减少率是相同的。这种相同的比例削减率，即径向削减率，就是 CCR 模型的得分。在 SBM 模型的 τ^* 和 CCR 模型的 θ^* 之间，有一个不等式 $\tau^* \leqslant \theta^*$。更多关于它们比较的细节请参见 Tone（2001）的文献。SBM 模型的最佳效率值 τ^* 考虑了径向模型中没有考虑的非径向松弛。这改进了先前 DEA 模型的一些不足，使得投入和产出要素可以自由变换，得以非比例的变化，从而实现对无效单元的改进。但是，SBM 模型也存在一定的缺点。投射的决策单元可能会失去原始 x_0 的比例性，因为 s^{-*} 不一定与 x_0 成正比。这是非径向模型的特点，如果原始比例性的丧失对分析来说是不合适的，那么这就成为非径向模型的一个缺点。换句话说，如果决策单元中同时存在同比例的变化和非同比例的变化，SBM 模型则无法对之进行处理。比如，劳动力投入和期望产出之间可能是非同比例变化的，但能源投入和非期望产出（如二氧化碳排放）之间是同比例变化的。此外，SBM 模型的另一个同样重要的缺点来自线性规划解决方案的性质，其中最优的松弛往往在取正值和零值时表现出鲜明的对比。参见 Avkiran（2008）对 SBM 模型中最优斜率的零和非零模式的详细比较。

CCR 模型、BCC 模型和 SBM 模型在输入和输出比率变化、径向和非径向模型方面都有优点和缺点。为了弥补这些缺点，Tone 和 Tsutsui（2010）提出了一个整合径向和非径向的混合模型，可称之为基于 ε 参数的模型，即 EBM 模型。以输入为导向的规模收益不变的初始 EBM 模型表示如下：

[EBM – I – C]：

$$\gamma^* = \min_{\theta,\lambda,s^-} \theta - \varepsilon_X \sum_{i=1}^{m} \frac{w_i^- s_i^-}{x_{i0}}$$

并且，服从：

$$\theta x_0 - X\lambda - s^- = 0$$

$$Y\lambda \geq y_0$$

$$\lambda \geq 0, s^- \geq 0$$

对偶 EBM 模型表示如下：

$$\gamma^* = \max_{v,u} uy_0$$

并且，服从：

$$vx_0 = 1$$

$$- vX + uY \leq 0$$

$$v_i \geq \frac{\varepsilon_X w_i^-}{x_{i0}} (i = 1,2,\cdots,m)$$

$$u \geq 0$$

其中，w_i 是输入 i 的权重（相对重要性），满足 $\sum_{i=1}^{m} w_i^- = 1$（$w_i^- \geq 0$，$\forall_i$），并且 ε_X 是一个关键参数，结合了径向 θ 和非径向松弛 s^-。参数 ε_X 和 w_i^- 必须在效率测量之前提供。从 EBM 模型目标函数中的 $\frac{w_i^- s_i^-}{x_{i0}}$ 可以看出，$\frac{s_i^-}{x_{i0}}$ 是单位不变的，因此 w_i^- 应该是一个单位不变的值，反映资源 i 的相对重要性。

此外，EBM 模型还遵从以下几个命题。命题 1：EBM 模型中的 γ^* 满足 $1 \geqslant \gamma^* \geqslant 0$，并且是单位不变的，即 γ^* 独立于所测量的输入和输出变量的单位。命题 2：如果在 EBM 模型中设置 $\varepsilon_X = 0$，则其简化为面向输入变量的 CCR 模型。命题 3：设 EBM 模型中的 $\theta = 1$，$\varepsilon = 1$，则可简化为面向输入变量的 SBM 模型。因此，EBM 模型将径向 CCR 模型和非径向 SBM 模型作为特例，但其基本是非径向的。约束条件 $-vX + uY \leqslant 0$、$V_i \geqslant \dfrac{\varepsilon_X w_i^-}{x_{i0}}$（$i = 1, 2, \cdots, m$）和 $u \geqslant 0$ 导致 $1 = vx_0 = \displaystyle\sum_i^m V_i x_{i0} \geqslant \varepsilon_X$。因此，$\varepsilon_X$ 不大于 1。

传统数据包络分析主要针对生产最佳前沿面来计算决策单元的相对效率。然而，这种方法的最大弊端在于不能实现数据在时序上的动态分析，降低了分析方法的科学性和全面性。因此，Malmquist（1953）提出了 Malmquist 指数的概念。Färe 等（1992）将 Malmquist 指数运用到 DEA 中并将其分解为技术效率变化（EC）和技术进步变化（TC），以反映生产前沿的变动情况。Chung 等（1997）将包括非期望产出的方向性距离函数应用于 Malmquist 模型，并把得到的指数称为 Malmquist-Luenberger 指数（简称"ML 指数"）。此后，人们通常把包括非期望产出的 Malmquist 模型得出的指数称为 Malmquist-Luenberger（ML）指数。

通过计算基于 t 期观察值和 t 期技术的方向性距离函数、基于 $t+1$ 期观察值和 $t+1$ 期技术的方向性距离函数，以及两个交互期的混合方向性距离函数，可以得到 Malmquist-Luenberger 生产率指数（MLPI）。假设 $g = (Y, -C)$，并且非期望产出（C）具有弱处置性。方向向量 $g = (Y, -C)$ 要求同比例地增加经济总量而降低 CO_2 排放。$g = (Y, -C)$ 是相关文献中较普遍的假设，对方向向量做相同假设的文献还有 Färe 等（2007）、陈诗一（2010）、Chambers 等（1996）、Chung 等（1997）。其中，关于要素投入（K，L，E）和期望产出（Y）的不等式表示它们是可自由处置的（Free Disposability）。而关于非期望产出（C）的等式表明它是弱处置性的（Weak Disposability）。函数值 $\beta = 0$ 意味着该决策单元处于生产前沿面上，其生产是有效率的。函数值 β 越大，表明决策单元离生产前沿面越远，效率越低。此时，第 i 个决策变量的 MLPI 可以表示为：

$$ML(y_{t+1}, x_{t+1}) = \frac{d^{t+1}(x^{t+1}, y^{t+1})}{d^t(x_t, y_t)} \left[\frac{d^{t+1}(x^{t+1}, y^{t+1})}{d^{t+1}(x_{t+1}, y_{t+1})} \times \frac{d^t(x_t, y_t)}{d^{t+1}(x_t, y_t)} \right]^{1/2}$$

$ML > 1$ 表示全要素生产率的提高，$ML < 1$ 表示全要素生产率的下降；$EC > 1$ 表示效率的改进，$EC < 1$ 表示效率的恶化；$TC > 1$ 表示技术的进步，$TC < 1$ 则表示技术的退步。此外，上式还可以分解为：

$$ML(y_{t+1}, x_{t+1}, x_t, y_t) = \frac{d^t(x_{t+1}, y_{t+1})}{d^t(x_t, y_t)} \times \frac{d^{t+1}(x_{t+1}, y_{t+1})}{d^{t+1}(x_t, y_t)}$$

ML 指数还可以把全要素生产率分解为技术效率和技术进步。其中，$\dfrac{d^t(x_{t+1}, y_{t+1})}{d^t(x_t, y_t)}$ 为技术效率（EC），$\dfrac{d^{t+1}(x_{t+1}, y_{t+1})}{d^{t+1}(x_t, y_t)}$ 为技术进步（TC）。技术进步指的是新的知识、技术、管理水平以及组织结构优化在生产活动中的应用对效率变动的影响。技术效率是指在给定投入不变的情况下，生产决策单元的实际产出与最大理想产出之间的比值，反映在给定投入下生产决策单元获取产出的能力。规模效率变化意指生产规模的扩大及其生产期向技术最优规模的移动。此外，技术效率变化包括纯技术效率变化（PEC）和规模效率变化（SEC）；技术进步变化包括纯技术进步变化（PTC）和规模技术进步变化（STC）。

第二节　指标选取与数据来源

DEA 模型需要选取合理的投入指标和产出指标。其中，旅游业投入指标包括旅游劳动力投入、旅游资本投入和旅游能源消耗。旅游业期望产出包括旅游总人数和旅游总收入。旅游业非期望产出包括旅游碳排放

（即二氧化碳排放）。此外，依据现有的文献，我们采用自下而上的方法对各个指标进行了构造。各个指标所涉及的数据来自《中国旅游统计年鉴》、中国区域数据库、各省份统计年鉴等，部分空缺数据采用插值法补齐。

　　旅游业投入指标主要包括旅游劳动力投入、旅游资本投入和旅游能源消耗三个部分（见表 2 - 1）。（1）旅游劳动力投入反映了特定地区对于旅游业的人员投入。旅游业是一个涵盖交通、住宿、餐饮、景区等一系列部门的综合性劳动密集型行业，其显著特点是人员需求量大。因此，将旅游业从业人数作为投入指标具有必要性和合理性。先前一些研究将第三产业从业人数作为旅游业从业人数。但是，该测度放大了数据的颗粒度，容易导致测量误差，降低决策的准确度。因而，本书从《中国旅游统计年鉴》选取 2002 ~ 2018 年 30 个省区市（港澳台及西藏除外，下同）的旅游业从业人数作为旅游劳动力投入。（2）旅游资本投入。旅游业除了需要大量的服务人员投入外，还需要高额的资金投入。特别是，旅游景区的开发、相关服务设施（如酒店和餐厅）的完善和旅游交通（如高铁旅游专线和市域旅游客运）的建设等都需要大量资金的注入。因此，本书认为旅游资本投入是衡量一个地区对旅游业投入的必不可少的生产决策指标。结合先前研究，本书从《中国旅游统计年鉴》选取 2002 ~ 2018 年 30 个省区市的旅游业固定资产原值作为旅游资本投入，并且利用折旧率和永续盘存法对原始数据进行二次计算。（3）旅游能源消耗。当今社会各行各业的发展都离不开能源的投入（即消耗）。特别是在旅游业，能源不仅是旅游交通的燃料，还是促进当地旅游业发展重要的原动力。因此，本书将旅游能源消耗作为一种重要的地区性生产投入纳入决策分析中。具体来说，本书采用自下而上的方法来构造旅游能源消耗。

　　旅游业期望产出指标包括旅游总人数和旅游总收入。旅游总人数包括国内旅游人数和入境旅游人数，数据来源于《中国旅游统计年鉴》。

　　旅游业非期望产出指标为旅游碳排放，采用自下而上的方法构造，主要包括旅游交通碳排放、旅游住宿碳排放和旅游活动碳排放，数据来源于中国区域数据库、《中国旅游统计年鉴》和各省份统计年鉴。

表 2 - 1　旅游业投入、产出指标的构造及数据来源

指标类别	测量方法	具体说明	数据来源
投入指标			
旅游劳动力投入	直接获取	旅游业从业人数（万人）	《中国旅游统计年鉴》
旅游资本投入	直接获取	旅游业固定资产原值（万元）	《中国旅游统计年鉴》
旅游能源消耗	自下而上	旅游交通 - 游客周转量（万人次）	中国区域数据库
		旅游交通 - 游客总人数（万人次）	中国区域数据库
		旅游住宿 - 星级酒店床位数（万张）	《中国旅游统计年鉴》
		旅游住宿 - 星级酒店平均出租率（%）	《中国旅游统计年鉴》
		旅游活动 - 国内旅游人数（万人次）	各省份统计年鉴
		旅游活动 - 国外旅游人数（万人次）	《中国旅游统计年鉴》
		旅游活动 - 国内旅游目的（%）	《中国旅游统计年鉴》
		旅游活动 - 国外旅游目的（%）	《中国旅游统计年鉴》
期望产出指标			
旅游总人数	直接获取	国内旅游人数（万人次）	《中国旅游统计年鉴》
		入境旅游人数（万人次）	《中国旅游统计年鉴》
旅游总收入	直接获取	国内旅游收入（万元）	《中国旅游统计年鉴》
		国外旅游外汇收入（万美元）	《中国旅游统计年鉴》
非期望产出指标			
旅游碳排放	自下而上	旅游交通 - 游客周转量（万人次）	中国区域数据库
		旅游交通 - 游客总人数（万人次）	中国区域数据库
		旅游住宿 - 星级酒店床位数（万张）	《中国旅游统计年鉴》
		旅游住宿 - 星级酒店平均出租率（%）	《中国旅游统计年鉴》
		旅游活动 - 国内旅游人数（万人次）	各省份统计年鉴
		旅游活动 - 国外旅游人数（万人次）	《中国旅游统计年鉴》
		旅游活动 - 国内旅游目的（%）	《中国旅游统计年鉴》
		旅游活动 - 国外旅游目的（%）	《中国旅游统计年鉴》

第三节　关键指标测度

在旅游生态效率的各指标构建中，对于旅游能源消耗和旅游碳排放的指标测度是最为重要的，如何有效而准确地测度旅游能源消耗并捕获旅游碳排放是测度旅游生态效率的重点问题。Gössling 等（2000）率先提出了一种系统测量旅游碳排放的方法。此后，这一课题越来越受到学术界的关注，学者们在旅游能源消耗和旅游碳排放测算的研究方面取得了突破性进展。与国外相比，中国对旅游业的能源消耗和碳排放的研究起步较晚。2008 年出现了关于旅游线路产品和旅游度假区碳排放的研究（李鹏等，2008）。Kuo 和 Chen（2009）利用生命周期评估对中国澎湖岛的能源使用和二氧化碳排放进行了量化。特别是在 2009 年的哥本哈根世界气候大会之后，学者们开始积极关注旅游业的低碳发展手段。Liu 等（2011）根据 IPCC 报告介绍的方法，从成都国内游客支出调查中计算出成都旅游业的二氧化碳排放量。Wu 和 Shi（2011）采用自下而上的方法估算出 2008 年中国旅游业的能源消耗和二氧化碳排放量。Tao 和 Huang（2014）使用不同的空间尺度回顾了旅游业的二氧化碳排放量。关于旅游碳排放的测量理论和结果，由于旅游业不是国民经济核算体系的传统组成部分，世界上没有一个国家对旅游业的能源消耗或碳排放有完整的国家统计体系，这对碳排放的测量产生了制约。

一　区域旅游的能源消耗指标测度

旅游能源消耗指标可分为三个方面进行测度：旅游交通能源消耗指标、旅游住宿能源消耗指标和旅游活动能源消耗指标。

旅游交通能源消耗指标的构造。根据刘军等（2019）的研究，旅游交通能源消耗的测度主要是通过以下三步来完成的。（1）计算铁路、公路、航空（本书主要指民航）以及水运等四种交通方式的每位游客的平均出行距离。本书首先从中国区域数据库获得四种不同交通方式的游客周转量（运送游客人数与运送距离的乘积），然后除以游客数量，获得四种交通方式的每位游客的平均出行距离（千米）。（2）利用每种交通方式的每位游客的平均出行距离乘以采用该交通方式出行的总人数（即游客总人数）获得每种交通方式的总的出行距离。（3）将每种交通方式的总的出行距离与该交通方式的单位距离能耗数量［铁路 = 1 兆焦耳/（人·千米），公路 = 1.8 兆焦耳/（人·千米），航空 = 2 兆焦耳/（人·千米），水运 = 0.9 兆焦耳/（人·千米），石培华、吴普，2011］相乘之后加总得到旅游交通能源消耗。

旅游住宿能源消耗指标的构造。本书采用类似的方法对旅游住宿能源消耗进行了构造。具体来说，（1）从《中国旅游统计年鉴》获得 2002 ~ 2018 年全国 30 个省区市的 5 个不同星级酒店床位数以及平均出租率。（2）将各个层次的星级酒店每晚床位出租数乘以该床位的能源消耗系数［1 星级 = 50 兆焦耳/（张·晚），2 星级 = 90 兆焦耳/（张·晚），3 星级 = 90 兆焦耳/（张·晚），4 星级 = 130 兆焦耳/（张·晚），5 星级 = 130 兆焦耳/（张·晚），石培华、吴普，2011］，然后用 365 天加总得到该年的旅游住宿能源消耗。

旅游活动能源消耗指标的构造。先前研究表明，游客的旅游目的大体分为四类，即商务活动、旅游观光、探亲访友以及休闲度假。本书通过将旅游者出行目的与每种目的的能源消耗相乘加总获得旅游活动能源消耗。具体步骤如下：（1）本书首先从《中国旅游统计年鉴》获得 2002 ~ 2018 年全国 30 个省区市的国内旅游以及国外旅游的人数；（2）将两类游客分别乘以其四类旅游目的的人数比例得到四种旅游人数；（3）利用四种旅游目的的人数乘以相应的旅游活动能源消耗（商务活动 = 0.786 兆焦耳/人，旅游观光 = 0.417 兆焦耳/人，探亲访友 = 0.591 兆焦耳/人，休闲度假 = 0.786 兆焦耳/人）并加总得到旅游活动能源消耗。能源消耗测度结果如表 2 - 2 和表 2 - 3 所示。

表 2 - 2　2002~2010 年全国 30 个省区市旅游能源消耗测度结果

单位：10^6 兆焦耳

省区市	2002 年	2003 年	2004 年	2005 年	2006 年	2007 年	2008 年	2009 年	2010 年
北京	55718	50957	38623	40603	44697	43014	43616	49159	48821
天津	21913	23630	33840	40866	48452	58545	58033	46850	52792
河北	72252	53693	88465	27463	31314	35100	34160	43685	185727
山西	38383	30199	48857	132157	197167	134373	148763	88813	80588
内蒙古	9300	8144	14974	19826	24039	22121	26218	32461	38152
辽宁	54135	54016	86970	86498	117780	147263	178276	209768	252106
吉林	25843	21977	28068	29770	27554	36318	39484	41419	48708
黑龙江	15966	32979	37160	40348	48813	62998	80858	102043	144119
上海	102279	95433	136036	141705	157435	177414	189185	219741	361950
江苏	79024	91564	122652	143067	166491	194799	217460	240978	260233
浙江	75635	78103	100342	121170	153371	183572	200715	228587	282978
安徽	32355	28987	38146	41686	56168	68885	84734	105471	137224
福建	30329	29130	37088	47133	56385	67334	71892	80867	93513
江西	25281	27368	33280	43332	51578	60349	66316	75681	86924
山东	74409	68222	90496	110034	131888	161508	189412	222520	275293
河南	38448	34036	67156	88329	116043	159143	184579	210556	241865
湖北	51632	45141	54395	64696	72784	87977	94308	110820	174324
湖南	135737	116785	126870	126623	209358	239926	424569	362909	444297
广东	78973	72569	89722	103718	93484	108414	112956	157975	167196
广西	48799	44108	55551	66638	7111	14793	15665	19739	141913
海南	9935	9834	11599	12229	14944	17645	20482	23947	28123
重庆	34213	31892	37701	48414	56312	66055	82759	94024	125672
四川	61197	68638	93097	106664	137515	159040	157603	201888	167257
贵州	21294	17550	24716	30906	46423	59624	76820	95896	123045
云南	6492	6709	8485	10246	12255	14010	16787	18745	22113
陕西	54251	34659	68894	80010	82308	77757	87276	102335	132186
甘肃	12249	10121	11247	13968	17337	26911	25678	37386	48829
青海	3752	3613	4920	6017	7908	10822	9495	11983	13031
宁夏	2469	2091	3392	4291	4971	5936	6711	7638	8931
新疆	17349	16825	20573	23166	26772	32883	37077	35482	51534

表 2 – 3　2011～2018 年全国 30 个省区市旅游能源消耗测度结果

单位：10^6 兆焦耳

省区市	2011 年	2012 年	2013 年	2014 年	2015 年	2016 年	2017 年	2018 年
北京	60116	60486	111003	127083	140596	148403	144500	146451
天津	89802	94840	105899	119570	135899	155606	145753	150680
河北	242009	300449	349972	412493	503979	701944	602961	652453
山西	98084	115074	155956	183604	203245	217358	210301	213830
内蒙古	43723	49147	56027	62830	71065	81640	76352	78996
辽宁	300623	328669	369026	447282	363001	405966	384484	395225
吉林	56185	58323	67794	81691	91277	102598	96937	99768
黑龙江	184556	241280	282030	108239	124752	145538	135145	140341
上海	403145	384887	416839	422123	461688	533390	497539	515464
江苏	333663	372046	419954	466969	505773	562047	533910	547979
浙江	333650	386846	427214	470631	528988	585377	557183	571280
安徽	199361	270151	298497	343853	422505	486235	454370	470302
福建	113440	135650	160704	195766	229247	284988	257118	271053
江西	134110	174494	124434	137407	165165	195701	180433	188067
山东	337576	399600	450135	498644	561490	626692	594091	610392
河南	287088	336689	392606	428173	516989	598026	557508	577767
湖北	228464	279422	333654	378049	411961	453342	432651	442996
湖南	579325	717739	934843	1058701	1242985	1625386	1434186	1529786
广东	225371	257968	309293	338768	413568	475324	444446	459885
广西	176932	214939	254750	293487	350620	425857	388239	407048
海南	30648	33446	36877	49387	58063	65844	61954	63899
重庆	179993	230857	249870	287345	332344	381040	356692	368866
四川	373290	418794	460564	521305	576204	613028	594616	603822
贵州	163860	208130	262745	318863	380905	545456	463181	504318
云南	26382	31189	38236	40837	44938	48641	46790	47715
陕西	189809	213567	260822	338359	340198	384551	362374	373462
甘肃	68031	97440	61723	71467	77890	208156	143023	175590
青海	15274	16677	19257	21761	23489	27241	25365	26303
宁夏	10708	12194	16895	15815	18249	20639	19444	20042
新疆	62561	78386	85891	79229	100727	50984	75855	63419

二 区域旅游的碳排放指标测度

目前，学术界主要通过三种方法对旅游碳排放进行测算：生命周期评估、自上而下以及自下而上。具体而言，生命周期评估通过将游客的旅游活动拆解成不同阶段或过程并将各个阶段的旅游碳排放加总来测算整体的旅游碳排放。自上而下则依据投入产出模型从整体到局部估计旅游业所有相关部门各自的碳排放。与之相反，自下而上则侧重于通过计算旅游各个部门单独的碳排放然后汇总测算整个旅游业的碳排放。

生命周期评估（Life Cycle Assessment，LCA）是一种用于评估一个产品或某项生产活动的整个生命周期的潜在环境影响和资源投入的工具，即从原材料的获取到生产和使用阶段，再到废物管理（包括处置和回收）。生命周期评估的独特之处在于从生命周期的角度来关注某一项生产活动，它是一种考虑了自然环境、人类健康和资源的所有属性或方面的综合评估。生命周期评估的综合范围对于避免问题转移很有帮助，例如，从生命周期的一个阶段转移到另一个阶段，从一个地区转移到另一个地区，或者从一个环境问题转移到另一个环境问题。20世纪90年代，学者们对生命周期评估的兴趣迅速增长。生命周期评估被广泛地应用到各个领域，包括旅游业的碳排放测量。当时，生命周期评估被寄予厚望，但其结果也经常受到批评。其中，最明显的弊端在于生命周期评估对空间和时间的分辨率低，而且没有考虑到社会和经济方面。此外，生命周期评估的结果可能难以转化为容易理解和可用的政策指标。

自上而下（Top-Down）是碳排放估计的一种常用方法，其本质在于从产品角度来衡量旅游业的投入和产出。该方法主要适合于将旅游部门作为综合国民经济体系中一个行业的国家。在过去几十年，关于自上而下方法的研究主要集中在欧美等发达国家，较少关于中国采用自上而下方法的详细研究，一个主要的原因在于中国传统的国民经济核算没有专门的旅游经济核算体系。目前，对于该方法，大多数学者支持以旅游卫星账户（Tourism Satellite Account）和投入产出模型为基础。但是，由于测量范围不尽相同，有些研究没有给出明确的计算步骤，这使得很多学者在今后的研究中遇到了很大的困难。该方法的核心思想是将旅游卫星账户和投入产出模型结合起来，对旅游业的二氧化碳排放进行测量。该方法的步骤可以简述如下。首先，建立一个独立的国家旅游卫星账户，将旅游业从传统产业中分离出来进行独立核算。其次，从一些国家数据库（如《中国统计年鉴》）中获得不同行业的能源投入量，经过转换和计算，可以得到国家各经济部门的直接二氧化碳排放当量。利用国家旅游卫星账户中的旅游产业比例，可以计算出旅游业的能源消耗，从而进一步得到旅游业的直接二氧化碳排放数据。再次，根据旅游业的直接能耗和总收入，计算出旅游业的直接能源使用强度；根据能源账户和投入产出平衡关系计算出完整的能源强度。最后，减去上述两部分的能耗，得到碳排放的最终间接数据（Meng et al., 2016）。

自下而上（Bottom-Up）是根据旅游目的地游客各项活动逐步向上收集能源消耗和碳排放数据的一种方法。该方法适合于旅游业并不是一个单独的能源消耗或服务统计部门的国家。比如，中国的旅游业并没有建立温室气体排放的统计和监测体系。因而，国内很多学者采用该方法。这些研究数据大多是基于抽样调查的方法等形成的一手数据，比如《中国统计年鉴》或各省份统计年鉴中的游客周转量、游客总人数等相关数据。该方法的优势在于，着手于研究对象的组成要素，精细化研究问题，明确了研究对象的使用范围，提升了研究的准确度。然而，旅游业是一个集食、宿、行、购物和娱乐等旅游要素于一体的综合性行业，这些都会产生能源消耗并产生二氧化碳。但是，不可能将每一个部分的旅游要素都放入碳排放的计算中而只能进行估算。因此，该思路的缺点在于数据获取存在较大的复杂性以及研究过程中存在较多的不确定性，导致研究的操作难度较大。所以，精细的研究设计以及多个具有较强代表性的案例是采用该测算思路的重要保障。为了得到一个合理的估计，很多研究必须确定旅游能源消耗和碳排放的主要领域和环节。国内的大部分研究已经识别出三个主要产生碳排放的旅游要素：旅游交通、旅游住宿和旅游活动。目前，自下而上的方法已经被广泛地应用于国内旅游碳排放研究中。表2-4列举了国内部分学者所采用的碳排放的测量方法，可以看出，大部分研究采用了自下而上的方法，只有少量学者采用了生命周期评估和自上而下的方法。同样，本书也延续已有做法，采用自下而上的方法。

表2-4　国内部分学者对于旅游碳排放测量的研究及方法

作者	年份	研究地区	测量指标	测量方法
李鹏等	2008	云南	旅游碳排放	自下而上
Kuo和Chen	2009	澎湖岛	旅游碳排放	生命周期评估
Liu等	2011	成都	旅游业碳排放	自下而上
Wu和Shi	2011	全国	旅游业碳排放	自下而上
石培华和吴普	2011	全国	旅游业碳排放	自下而上
肖潇等	2012	西安、南京和九寨沟	旅游交通碳排放	自下而上
窦银娣等	2012	湖南	旅游交通碳排放	自下而上
胡林林等	2015	全国	旅游住宿碳排放	自下而上
郭向阳等	2022	全国	旅游交通碳排放	自上而下
姚治国等	2016	海南	旅游业碳排放	自下而上
刘军等	2019	全国	碳排放	自下而上

本书主要依据自下而上的方法对旅游碳排放进行测算。该方法首要目标就是明确游客在旅游活动中的哪些环节能够产生碳排放。根据表2-4可以看出，旅游交通碳排放是旅游碳排放中的一个重要构成。比如肖潇等（2012）、窦银娣等（2012）都直接测量了旅游交通碳排放。此外，旅游住宿碳排放也是我国旅游碳排放的一个重要组成。比如胡林林等（2015）测量了我国旅游住宿碳排放。进一步地，姚治国等（2016）将旅游交通、旅游活动以及旅游住宿视为我国旅游业碳排放的三个主要来源，并基于这些部分构造了自下而上的旅游业碳排放核算方法。根据

先前的这些研究，本书将旅游碳排放拆解为旅游交通碳排放、旅游住宿碳排放和旅游活动碳排放三部分。旅游碳排放总量的公式如下所示：

$$T_{CO_2} = T_{transportation} + T_{accommodation} + T_{activities}$$

其中，T_{CO_2} 表示旅游业二氧化碳排放总量，$T_{transportation}$ 表示旅游业交通部门的二氧化碳排放量，$T_{accommodation}$ 表示旅游业住宿部门的二氧化碳排放量，$T_{activities}$ 表示旅游活动的二氧化碳排放量。接下来，本书将对各部分测算进行详细的阐述。

第一，旅游交通碳排放测量。

游客的旅行离不开乘坐各类交通工具。在我国，游客主要通过铁路、公路、航空和水运四种方式参与旅游活动。因而，旅游交通碳排放就是四种交通方式的碳排放总和。具体的计算步骤如下。首先，计算出一个地区第 i 种交通方式的单个游客的第 j 次旅行的碳排放总量，即获得该地区单个游客采用某种交通方式完成一次旅行的碳排放量。但是，由于单个游客一次旅游的距离无法直接获得，通过该地区第 i 种交通方式的游客周转量（即游客人数 × 平均出行距离）除以采用该种交通方式的游客人数获得单个旅客一次旅游的平均距离。其次，单个游客单次旅程的距离乘以旅游者出行距离占其单次旅程的距离的系数，得到单个游客一次旅游的平均距离 $\overline{D_i}$，用式（2-1）表示。最后，将该地区采用各个交通方式的游客人数乘以游客人数占游客总人数的比例 λ_i 以及相应的能耗数量加总得到该地区总的旅游交通碳排放数据，如式（2-2）所示。

$$\overline{D_i} = \alpha \cdot (C_i / N_i) \qquad (2-1)$$

$$T_{transportation} = \sum_{i=1}^{4} \beta_i \cdot \alpha \cdot (C_i / N_i) \cdot (\lambda_i \cdot Q_i) \qquad (2-2)$$

式（2-1）和式（2-2）中，$T_{transportation}$ 表示该地区总的旅游交通碳排放量；α 为游客出行距离占其单次旅程的距离的系数（$\alpha = 0.1$，Schafer and Victor，1999）；C_i 为采用第 i 种交通方式的游客周转量（单位：

人·千米）；β_i代表采用第i种交通方式的碳排放系数（公路、铁路、航空和水运分别为 0.133、0.027、0.137 和 0.106；单位：千克/千米）；N_i表示采用第i种交通方式的游客人数（单位：万人）；λ_i表示采用第i种交通方式进行旅游的游客的比重；Q_i表示采用第i种交通方式出行的游客人数（单位：万人）。本书通过中国经济社会大数据研究平台获得我国 2002~2018 年的四种不同交通方式的游客周转量以及游客总人数。

第二，旅游住宿碳排放测量。

得益于旅游市场多样化需求的不断提升和互联网技术的发展，近年来一些新兴的住宿方式（如民宿、客栈、度假村、精品小酒店）逐渐发展起来。但考虑到星级酒店仍是我国酒店业的主要构成，以及数据的可获得性和可比较性，本书主要将我国星级酒店的住宿碳排放量作为我国旅游住宿碳排放的主要衡量指标。住宿是旅游活动的一个重要部分，也是碳排放的重要源头。尽管近年来各类新的住宿方式不断兴起，但是，传统的酒店住宿依然占据着相当大的比重。为此，根据先前的研究，本书主要考察各地区星级酒店的碳排放对于旅游碳排放的贡献。我国的酒店按星级分为 1~5 这 5 个等级。各个等级的星级酒店的碳贡献率不尽相同。具体来说，以单位床位碳排放为例，1 星级酒店的碳排放为 7.9 千克/（张·晚），2 星级酒店的碳排放为 14.3 千克/（张·晚），3 星级酒店的碳排放为 14.3 千克/（张·晚），4 星级酒店的碳排放为 20.6 千克/（张·晚），5 星级酒店的碳排放为 20.6 千克/（张·晚）。

本书主要遵从以下原则计算旅游住宿碳排放。首先，计算出一个地区一晚的第i种星级酒店的出租床位数。具体而言，我们通过《中国旅游统计年鉴》获得第i种星级酒店的床位数以及平均出租率等数据并将它们相乘得到第i种星级酒店的一晚出租床位数。其次，将第i种星级酒店的一晚出租床位数乘以该星级酒店的单位床位碳排放，再乘以 365 天得到某年该地区第i种星级酒店总的床位碳排放量。最后，将 5 种星级

酒店的床位碳排放量加总得到星级酒店碳排放量,将之作为旅游住宿碳排放数据。公式如下所示:

$$T_{accommodation} = \sum_{i=1}^{5} K_i \cdot w_i \cdot \varepsilon_i \cdot 365 \qquad (2-3)$$

在式(2-3)中,$T_{accommodation}$表示该地区总的旅游住宿碳排放量(单位:千克)。K_i表示该地区第i种星级酒店的床位数(单位:张)。w_i则指的是该地区第i种星级酒店的平均出租率。ε_i代表该地区第i种星级酒店的单位床位碳排放〔单位:千克/(张·晚)〕。

第三,旅游活动碳排放测量。

旅游活动的碳排放主要反映了游客基于不同旅游目的时其活动所产生的碳排放量。根据先前研究,本书主要将游客的旅游目的划分为四类:商务活动、探亲访友、旅游观光、休闲度假。显然,不同旅游目的所导致的碳排放量存在很大的差异。具体而言,商务活动的碳排放量最大,为0.786千克/人;探亲访友次之,为0.591千克/人;旅游观光和休闲度假则分别为0.417千克/人和0.172千克/人。我们根据如下原则测算了不同类型旅游活动的碳排放量。(1)基于《中国旅游统计年鉴》获得一个地区某年的国内以及国外相应的旅游人数以及相应的旅游目的的人数比例。(2)将基于不同目的的游客人数乘以相应的活动碳排放系数,加总得到该地区第i种活动的碳排放量。公式如下所示:

$$T_{activities} = \sum_{i=1}^{4} s_i \cdot \tau_i \cdot x_i + \sum_{j=i}^{4} s_j \cdot \tau_j \cdot x_j \qquad (2-4)$$

在式(2-4)中,$T_{activities}$表示旅游活动的碳排放总量。s_i和s_j分别表示国内旅游人数和国外旅游人数。τ_i和τ_j分别为国内游客的第i种活动和国外游客的第j种活动的碳排放系数(单位:千克/人)。x_i和x_j分别为国内游客的第i种活动和国外游客的第j种活动的相应比例。

2002~2018年旅游碳排放测算结果如表2-5、表2-6所示。

表 2 – 5　2002～2010 年全国 30 个省区市旅游碳排放测算结果

单位：吨

省区市	2002 年	2003 年	2004 年	2005 年	2006 年	2007 年	2008 年	2009 年	2010 年
北京	4687132	4306801	3338167	3538549	4101848	3818633	3764568	4183261	4161997
天津	3537933	2983446	4448227	5540335	5789585	7657885	4112177	3297752	3566908
河北	4556760	3395298	5510137	1812238	2074452	2322407	2269169	2873829	11317077
山西	2588211	2049780	3292835	8987159	13432437	9123316	10154622	6032553	5390429
内蒙古	637087	557717	1041213	1355520	1636150	1484211	1787925	2209882	2576183
辽宁	3614342	3613456	5868222	5759735	7770057	9663634	11737120	13807980	16473181
吉林	1755461	1504105	1906331	2006643	1837489	2430609	2667810	2739619	3195303
黑龙江	1119903	2275008	2570424	2779787	3356106	4309513	5550220	6944260	9712045
上海	7589865	7112861	10022646	10435305	11626561	13073144	14023216	16107686	26394575
江苏	5345290	6176734	8402326	9762482	11353258	13173440	14523729	16019345	17071654
浙江	5127787	5283677	6801315	8143870	10216972	12223365	13224424	15059321	18361076
安徽	2016659	1819002	2418114	2576156	3476158	4254172	5249055	6430469	8275714
福建	1968277	1896399	2416276	3028171	3647475	4399355	4731392	5269994	6171885
江西	1479858	1585527	1960937	2549054	3017723	3513395	3840329	4423738	4931190
山东	5222701	4830706	6327586	7755043	9328558	11384807	13226870	15628568	19159207
河南	2220454	1986508	4026491	5266057	6820643	9275743	10654147	12323359	14040361
湖北	3155288	2790835	3324715	3937618	4433801	5319878	5666600	6732931	10644578
湖南	9390883	8088059	8879004	8903381	14577474	16695982	29319261	25144692	30655371
广东	5632210	5175786	6508369	7563541	6812565	7721308	7867211	10796211	11393079
广西	3237261	2933103	3649773	4339460	618748	1096107	1241065	1470889	9242174
海南	772591	770804	889239	903365	1118033	1269872	1463608	1699928	1934938
重庆	2326875	2186257	2597770	3213679	3741841	4365418	5385857	6118304	8150376
四川	4081978	4581490	6223698	7125532	9145779	10586584	10275416	13296256	10807648
贵州	1348730	1116555	1568799	1960599	2933550	3811867	4861003	6116274	7788860
云南	484105	508744	622293	779896	971161	1111501	1144426	1393461	1488746
陕西	3496082	2193208	4408757	5114116	5292530	4947490	5436019	6285950	8203192
甘肃	739654	623621	681870	840720	1041503	1589976	1503515	2216634	2864894
青海	256376	244219	330673	402134	509442	668125	601627	743996	800413
宁夏	158313	134950	222694	276473	321377	380998	432782	491650	571170
新疆	1139773	1101698	1366525	1533743	1787548	2250800	2425018	2374593	3362414

表 2 – 6　2011～2018 年全国 30 个省区市旅游碳排放测算结果

单位：吨

省区市	2011 年	2012 年	2013 年	2014 年	2015 年	2016 年	2017 年	2018 年
北京	5074684	5125762	9379346	10671624	11697382	12402462	12049922	12226192
天津	6019542	6138393	6643656	7778513	8894384	10196520	9545452	9870986
河北	14753649	18358689	21437530	25095666	30958028	42995968	36976998	39986483
山西	6494629	7559704	10275989	12059898	13313294	14139701	13726498	13933099
内蒙古	2953579	3322348	3732642	4199576	4797656	5489735	5143695	5316715
辽宁	19389374	21211144	23809173	28747485	23361001	26157472	24759237	25458354
吉林	3667602	3759309	4386472	5292097	5930307	6614750	6272529	6443640
黑龙江	12474577	16239233	18898408	7286056	8400093	9796249	9098171	9447210
上海	29102332	27949853	30156849	30797640	33560728	38620332	36090530	37355431
江苏	21843850	24276722	27482893	30464588	33080438	36756840	34918639	35837740
浙江	21718817	25380613	27954356	30918077	34981489	38793460	36887474	37840467
安徽	12041508	16420660	18045788	20775531	25899125	30150267	28024696	29087481
福建	7486464	8963629	10758796	13015608	15228647	18937538	17083092	18010315
江西	7694098	10125589	6380825	6889194	8362979	10010723	9186851	9598787
山东	23415150	27606117	31020164	34307782	38610944	43058741	40834843	41946792
河南	16670033	19778314	23137740	25166644	31073448	36507323	33790386	35148854
湖北	13829990	17212509	20657801	23376488	25587582	28136466	26862024	27499245
湖南	39843158	49315432	64134966	72548493	85144988	111265487	98205237	85144988
广东	15331527	17510944	21963946	23936540	30188457	35331865	32760161	34046013
广西	11476559	13943551	16421221	19239644	23116144	28223389	25669766	26946578
海南	2154636	2351263	2560771	3440202	4027169	4567544	4297356	4432450
重庆	11566434	14944153	16276188	18797837	21750791	25076807	23413799	24245303
四川	24531481	27272674	29989036	34440979	38234694	40844287	39539491	40191889
贵州	10419194	13248404	16847950	20438448	24551676	35360932	29956304	32658618
云南	1756010	2023223	2534540	2474533	2646489	3067132	2856810	2961971
陕西	11803919	13089129	16029189	21150274	21273878	24007446	22640662	23324054
甘肃	3919527	5424755	2713740	3112983	3518214	12444723	7981469	10213096
青海	937187	1014329	1197160	1355580	1480447	1690293	1585370	1637831
宁夏	668078	759995	1055120	992773	1153366	1308730	1231048	1269889
新疆	4063662	5040232	5481962	5051763	6447091	2968518	4707805	3838161

第四节　测度结果

一　EBM 模型测度结果

本书利用 MaxDEA 8.0 软件分析了 2002～2018 年中国 30 个省区市旅游业的投入产出决策单元。表 2－7 展示了基于 EBM 模型的全国 30 个省区市的旅游生态效率。

从图 2－1 可以看出，2002～2018 年全国 30 个省区市的旅游生态效率在 0.7～0.9，并且变动幅度并不大，表明我国的旅游生态效率整体处于一个相对平稳的状态。其中，最高值和最低值分别出现在 2012 年（0.87）和 2016 年（0.72）。2016 年之所以出现较大的降幅可能源自两个因素。第一，线上旅游业务的兴起可能没有被完全整合到旅游业收入中。2016 年，我国的线上 OTA、线上旅游交易平台兴起，大量消费者通过这些线上平台开展旅游活动，而这部分业务所带来的收入在当时很有可能并没有被完全统计到旅游收入中，因为线上旅游在当时属于新兴的互联网市场，并未被很多业务部门纳入其应属收入中。第二，2016 年国家旅游局对《旅行社条例》和《中国公民出国旅游管理办法》两部行政法规进行了合并修订，形成了《旅行社条例（修订草案送审稿）》，该条例规范了旅游经营活动，可能在短时间内对国内旅游造成了利空的局面。此外，在 2003 年也出现一个波谷，值为 0.82。出现这一局面的原因是 2003 年我国遭遇了前所未有的公共卫生事件——非典。我国旅游业在 2003 年首先受到冲击，因而出现了一个短暂的下滑。

表 2 - 7 2002～2018 年基于 EBM 模型的全国 30 个省区市的旅游生态效率

省区市	2002年	2003年	2004年	2005年	2006年	2007年	2008年	2009年	2010年	2011年	2012年	2013年	2014年	2015年	2016年	2017年	2018年	均值
安徽	0.653	0.721	0.721	0.845	0.741	0.690	0.887	1.026	0.883	0.928	0.932	0.907	0.851	0.845	0.577	0.776	0.749	0.799
北京	1.113	1.026	1.146	1.150	1.139	1.146	1.130	1.115	1.108	1.099	1.081	1.026	1.004	0.774	0.570	0.667	0.646	0.974
福建	0.901	0.825	1.024	1.039	1.029	1.027	0.865	0.796	0.826	0.739	0.664	0.673	0.603	0.534	0.459	0.538	0.652	0.753
甘肃	0.375	0.343	0.474	0.460	0.437	0.487	0.430	0.390	0.454	0.554	0.546	0.756	0.740	0.752	0.376	0.537	0.475	0.491
广东	1.029	1.045	1.023	1.014	1.013	1.006	1.005	0.820	1.004	1.007	1.011	1.021	1.027	1.022	1.018	1.020	1.019	1.005
广西	0.542	0.577	0.713	0.604	1.123	1.034	1.162	1.109	0.750	0.760	0.775	0.749	0.674	0.614	0.629	0.702	0.799	0.761
贵州	0.760	0.666	0.780	1.012	0.721	0.852	0.785	0.803	0.869	1.117	1.076	1.107	1.113	1.048	1.049	1.092	1.081	0.923
海南	0.399	0.444	0.511	0.451	0.445	0.487	0.396	0.349	0.378	0.403	0.410	0.362	0.334	0.290	0.248	0.274	0.364	0.378
河北	0.681	0.544	0.668	0.886	0.742	0.725	0.671	0.704	0.520	0.544	0.566	0.526	0.516	0.567	1.170	0.573	1.141	0.668
河南	1.112	1.006	1.049	1.049	1.128	1.131	1.123	1.121	1.064	1.034	1.007	1.015	1.028	1.047	0.591	0.863	0.830	1.001
黑龙江	0.690	0.706	0.809	0.834	0.778	0.788	0.752	0.822	1.083	1.019	1.025	1.033	1.080	1.078	0.772	1.002	0.917	0.883
湖北	0.864	0.725	0.768	0.718	0.683	0.699	0.692	0.755	0.839	1.003	1.006	1.006	1.003	0.917	0.582	0.791	0.784	0.804
湖南	0.586	0.613	0.684	0.727	0.332	0.657	0.416	0.421	0.543	0.575	0.547	0.606	0.593	0.631	0.380	0.594	0.548	0.581
吉林	1.018	1.111	0.711	0.726	0.921	0.681	0.730	0.829	0.829	0.819	0.924	0.940	0.953	1.017	1.019	1.031	1.050	0.833
江苏	1.030	1.014	1.089	1.112	1.115	1.108	1.098	1.067	1.082	1.067	1.065	1.060	1.066	1.055	1.032	1.064	1.035	1.074
江西	0.935	1.014	0.799	1.003	0.496	0.682	0.583	0.593	0.730	0.919	0.919	1.060	1.084	1.100	1.061	1.133	1.088	0.868
辽宁	0.671	0.641	0.719	0.699	0.763	0.829	0.801	0.794	0.868	1.049	1.045	1.033	1.029	0.733	0.515	0.596	0.626	0.772
内蒙古	0.694	1.008	0.841	0.689	0.865	1.010	1.006	0.779	0.726	0.784	0.761	0.779	0.773	0.701	0.743	0.755	0.734	0.797

续表

省区市	2002年	2003年	2004年	2005年	2006年	2007年	2008年	2009年	2010年	2011年	2012年	2013年	2014年	2015年	2016年	2017年	2018年	均值
宁夏	0.819	1.102	1.032	1.011	1.133	1.140	1.011	1.008	0.721	0.560	0.782	0.449	0.568	0.485	0.618	0.533	1.038	0.786
青海	1.173	1.060	1.092	1.136	1.012	0.685	1.154	1.263	1.069	1.022	1.141	0.787	1.055	0.638	1.024	1.001	1.015	1.004
山东	1.000	0.781	0.884	0.884	1.004	1.006	0.869	1.013	0.887	1.009	1.011	1.009	1.011	1.012	0.701	1.008	0.775	0.927
山西	0.634	0.431	1.003	0.653	0.675	0.648	0.548	0.655	1.002	0.858	0.877	0.880	0.837	0.824	0.756	1.061	1.010	0.765
陕西	0.557	0.628	0.690	0.723	0.678	0.767	0.747	0.748	0.787	0.729	0.821	0.804	0.669	0.683	0.463	0.602	0.644	0.684
上海	1.047	1.025	1.055	1.005	0.754	0.732	0.593	0.583	0.668	0.622	0.590	0.514	0.458	0.391	0.264	0.433	0.456	0.615
四川	1.004	0.775	0.827	0.755	0.817	0.812	0.702	0.788	1.026	1.007	1.022	1.017	1.018	1.032	1.030	0.853	0.827	0.893
新疆	0.373	0.312	0.365	0.365	0.358	0.352	0.293	0.211	0.286	0.306	0.306	0.327	0.286	0.364	0.423	0.406	0.495	0.328
天津	1.081	1.208	1.221	1.142	1.100	1.087	1.084	1.096	1.112	1.062	1.069	1.062	1.053	1.064	1.018	1.011	1.033	1.087
云南	1.289	1.310	1.189	1.195	1.033	1.066	1.050	1.048	1.138	1.209	1.245	1.264	1.292	1.301	1.276	1.330	1.331	1.205
浙江	0.788	0.733	0.862	0.786	0.818	0.802	0.745	0.769	0.757	0.809	0.789	0.790	0.759	0.762	0.655	0.754	0.799	0.774
重庆	1.033	1.005	1.023	1.007	0.880	0.907	0.832	0.820	1.007	0.901	1.007	0.845	0.746	0.696	0.435	0.707	0.585	0.830

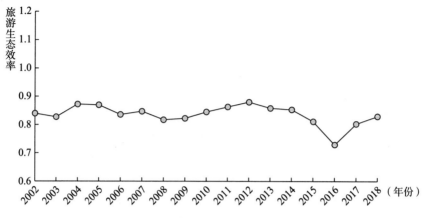

图 2 - 1　2002～2018 年全国 30 个省区市的旅游生态效率

　　从图 2-2 的空间角度来看，我国东部、中部、西部[①]之间的旅游生态效率差异较大。从东部、中部、西部的空间格局来看，2002～2009 年东部的旅游生态效率均高于中部、西部。可能的原因：一是东部的地理位置优越，经济发达，旅游基础设施良好，在该阶段吸引了大量游客，特别是国外的游客；二是东部的旅游资源在该阶段处于市场的上升期，而后旅游市场面临一个饱和的局面。2010～2018 年，中部地区的旅游生态效率一直处于第一顺位。之所以中部地区能够迅速崛起可能离不开互联网发展对于旅游景点的助力，以及以特色美食、休闲度假为主的旅游方式的兴起。特别是湖南长沙、湖北武汉等一批城市近年来逐渐发展成网红城市，吸引了大批国内外游客。

　　从省区市层面来看，2002～2018 年旅游生态效率排名前三的是云南、天津和江苏，排名后三的是甘肃、海南和新疆。从某一年的截面数据来看，2002 年，旅游生态效率较高的省市主要有东部的天津、上海、北京、江苏、广东、山东，中部的湖南、河南，西部的云南、青海、重

[①] 本书中东部地区包括北京、广东、河北、江苏、辽宁、上海、天津、浙江、福建、山东、海南共 11 个省市；中部地区包括湖北、黑龙江、山西、安徽、江西、吉林、湖南、河南共 8 个省份；西部地区包括陕西、青海、新疆、云南、甘肃、四川、重庆、内蒙古、贵州、广西、宁夏共 11 个省区市。

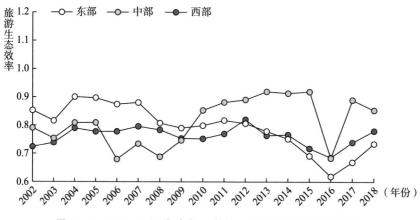

图 2 - 2　2002 ～ 2018 年东部、中部、西部区域旅游生态效率

庆和四川，而新疆的旅游生态效率最低，如图 2 - 3（a）所示；2006 年，旅游生态效率较高的省区市主要有东部的北京、广东、江苏、天津、福建和山东，中部的河南，西部的云南、广西、宁夏和青海，如图 2 - 3（b）所示；2010 年，旅游生态效率较高的省市主要有东部的北京、天津、江苏、广东，中部的黑龙江、山西和河南，西部的青海、云南、重庆和四川，如图 2 - 3（c）所示；2018 年，旅游生态效率较高的省区市主要有东部的河北、江苏、天津、广东，中部的江西、吉林和山西，西部的贵州、宁夏、青海和云南，如图 2 - 3（d）所示。由此可见，我国的旅游生态效率在地区上是存在很大差异的。2002 ～ 2010 年，东部的北京、广东、江苏和山东基本表现出较高的旅游生态效率，而 2018 年北京和山东的旅游生态效率则大幅度降低。但是，云南、宁夏以及贵州等西部省区在此期间出现旅游生态效率整体提高的现象，究其原因，一方面是随着消费者旅游偏好逐渐从观光旅游转变到休闲度假，以观光和文化旅游为代表的北京和山东的旅游业在经历了黄金年代之后有所下降，而云南、宁夏和贵州等以休闲度假为代表的西部地区迅速崛起；另一方面是在能源消耗和碳排放量方面，东部等发达地区的能源消耗巨大，同时也对应着相对较高的碳排放量。相比而言，西部的云南、贵州以及宁夏

等地区的能源消耗和碳排放量相对较低。

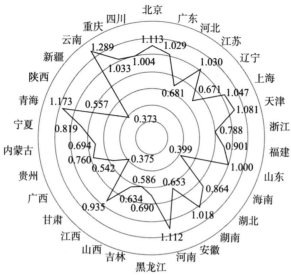

（a）2002年我国30个省区市旅游生态效率

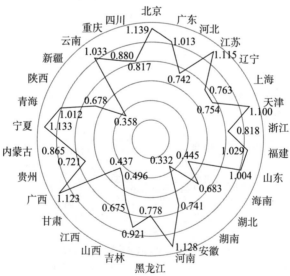

（b）2006年我国30个省区市旅游生态效率

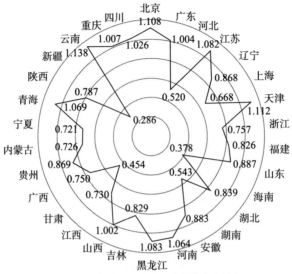

（c）2010年我国30个省区市旅游生态效率

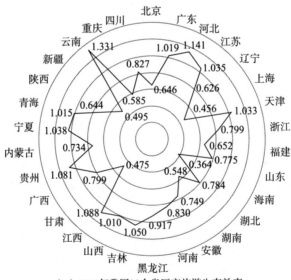

（d）2018年我国30个省区市旅游生态效率

图2-3 2002～2018年我国30个省区市旅游生态效率雷达图

二 ML指数测度结果

本节利用MaxDEA 8.0软件对我国30个省区市的旅游生态效率进行

了 ML 指数测度，以提供其动态分析。动态分析能很好地反映经济增长过程中旅游生态效率的变化，以及更好地体现不同的要素，如技术进步和技术效率对于旅游生态效率的作用。本书 2002～2018 年基于 ML 指数的全国 30 个省区市的旅游生态效率如表 2－8 所示。

第五节　本章小结

本章主要介绍了旅游生态效率的测度方法和测度思路，并对基本结果进行展示，为后续的研究提供了数据支撑，具体内容如下。

首先，详细介绍 DEA 的各种决策分析模型，并比较各种模型的优缺点，最终选用整合径向和非径向的 EBM 模型，该模型能够弥补 CCR 模型、BCC 模型和 SBM 模型的缺陷。同时，结合 ML 指数分析，以反映生产前沿的变动情况。

其次，选取旅游劳动力投入、旅游资本投入和旅游能源消耗作为投入指标，选取旅游总人数和旅游总收入作为期望产出指标，选取旅游碳排放作为非期望产出指标，并对这 6 种指标的构成和数据来源进行了详细介绍。

再次，对旅游能源消耗和旅游碳排放两种不能直接获取的关键指标进行测算。其中，旅游能源消耗可以分为旅游交通能源消耗、旅游住宿能源消耗和旅游活动能源消耗。此外，本书还重点介绍了旅游碳排放的指标构建方法，并采用自下而上的方法，将旅游交通碳排放、旅游住宿碳排放和旅游活动碳排放视为旅游碳排放的主要来源进行测算。

最后，基于 EBM 模型和 ML 指数的旅游生态效率测度结果显示，2002～2018 年我国的旅游生态效率整体变动幅度并不大，表明我国的旅游生态效率整体处于一个相对平稳的状态。其中，基于 EBM 模型的结果

表2-8 2002～2018年基于ML指数的全国30个省区市的旅游生态效率

省区市	2003年	2004年	2005年	2006年	2007年	2008年	2009年	2010年	2011年	2012年	2013年	2014年	2015年	2016年	2017年	2018年	2002～2018年均值
安徽	0.979	0.939	1.183	0.932	1.029	1.606	1.049	0.992	1.094	1.032	1.027	1.024	1.009	1.027	0.967	0.998	1.046
北京	0.697	1.811	1.023	1.020	0.993	0.994	1.011	1.021	1.046	1.007	0.969	1.010	1.008	1.036	0.983	0.997	1.022
福建	0.914	1.268	1.013	1.006	1.011	0.989	1.018	1.035	1.004	1.002	1.034	1.033	1.036	1.036	0.998	1.006	1.023
甘肃	0.808	1.336	1.088	0.932	1.201	1.019	1.046	1.299	1.781	1.034	1.061	1.058	1.032	1.017	0.971	0.987	1.087
广东	0.940	1.368	0.732	2.321	0.999	1.000	0.995	1.033	1.019	1.013	1.002	1.029	1.013	1.014	0.997	1.017	1.059
广西	0.902	1.215	0.901	1.953	0.972	1.043	1.042	0.969	1.102	1.052	1.037	1.005	1.029	1.031	0.996	0.998	1.059
贵州	0.820	1.053	1.417	0.774	1.591	1.048	1.066	1.075	1.092	1.006	1.018	1.015	0.992	1.029	0.991	0.998	1.047
海南	0.996	1.037	0.980	1.043	1.095	0.922	1.045	1.247	1.222	1.033	1.031	1.177	1.055	1.217	0.849	1.172	1.064
河北	0.697	1.240	1.521	0.780	0.976	0.961	1.207	1.432	1.001	1.037	1.032	1.073	1.066	1.079	0.895	1.068	1.048
河南	0.693	1.125	1.186	1.054	1.037	1.098	1.013	0.983	1.060	1.008	1.030	1.029	1.006	0.990	0.987	0.989	1.012
黑龙江	0.999	1.044	1.068	0.990	1.128	1.281	1.034	1.099	1.027	1.035	1.018	0.999	1.031	1.015	0.963	1.004	1.044
湖北	0.770	1.067	1.044	1.006	1.082	1.133	1.290	1.078	1.124	1.024	1.029	1.012	1.000	1.028	0.963	1.005	1.036
湖南	0.998	0.601	1.224	0.475	2.861	0.636	1.090	1.491	1.080	1.020	1.055	1.029	1.024	1.039	0.975	0.997	1.015
吉林	1.001	1.073	1.068	1.264	0.803	1.580	1.058	1.053	1.040	1.051	1.044	1.039	1.023	1.019	0.983	1.007	1.059
江苏	1.096	0.948	1.303	1.019	1.008	1.010	1.029	1.066	1.028	1.028	1.016	1.034	1.013	1.007	0.962	1.007	1.033
江西	0.920	0.767	1.398	0.525	1.339	1.100	1.152	1.366	1.157	1.030	1.026	1.038	1.027	1.019	0.994	1.000	1.029
辽宁	0.945	1.064	1.111	1.106	1.181	1.151	0.886	1.364	1.170	1.022	1.016	1.029	0.975	1.017	0.938	0.997	1.055
内蒙古	1.258	0.886	0.951	1.238	1.328	1.001	1.023	1.007	1.015	1.023	1.026	1.048	1.018	1.085	0.944	0.970	1.045

续表

省区市	2003年	2004年	2005年	2006年	2007年	2008年	2009年	2010年	2011年	2012年	2013年	2014年	2015年	2016年	2017年	2018年	2002~2018年均值
宁夏	1.015	1.065	1.054	1.114	1.058	0.919	1.032	1.210	0.979	1.046	1.210	1.027	1.067	1.256	1.021	0.998	1.064
青海	0.889	1.014	1.169	0.876	0.851	1.550	1.216	0.801	1.295	1.223	1.019	1.009	1.014	1.102	0.885	1.011	1.042
山东	0.948	1.159	1.111	1.043	1.092	1.085	1.255	1.032	1.041	1.044	1.024	1.012	1.057	1.014	0.941	1.000	1.051
山西	0.659	1.611	0.975	1.104	1.069	1.318	0.750	1.402	1.092	1.018	1.065	1.045	1.046	1.013	0.992	0.982	1.049
陕西	1.063	1.106	1.106	0.980	1.153	1.261	1.019	1.035	1.057	1.063	1.032	1.012	1.003	1.039	0.976	1.000	1.054
上海	0.995	1.316	1.005	0.995	1.000	0.686	1.069	1.456	1.052	1.004	1.016	1.008	1.004	0.987	1.028	1.004	1.028
四川	0.792	1.092	1.022	1.222	1.052	1.314	1.041	1.081	1.074	1.041	1.012	1.043	1.014	1.027	0.912	0.992	1.040
天津	1.045	0.996	0.988	0.965	1.033	1.072	0.995	1.040	1.053	1.023	1.022	1.014	1.023	1.002	0.972	1.019	1.016
新疆	0.920	1.063	1.065	0.884	1.151	0.925	0.863	1.349	1.470	1.153	1.204	1.011	1.350	1.094	0.915	0.984	1.074
云南	0.783	0.995	1.034	0.972	1.011	0.993	1.070	1.078	1.050	1.015	0.986	1.062	1.018	1.034	0.975	0.999	1.002
浙江	0.918	1.226	0.955	1.073	0.997	1.025	1.145	1.257	1.084	0.995	1.016	1.036	1.045	1.039	0.940	1.035	1.045
重庆	0.743	1.051	1.068	1.004	1.161	1.046	1.001	1.057	1.054	1.062	1.002	1.024	1.022	1.019	0.979	0.997	1.014

本书所测算的 ML 指数是旅游生态效率的增长率。因此，将 2002 年的旅游生态效率视为 1，采用 ML 指数累乘的方式，得到各省区市后续年份的旅游生态效率。

显示，最高值和最低值分别出现在 2012 年（0.87）和 2016 年（0.72）。但东部、中部、西部之间的旅游生态效率差异较大，2002~2009 年，东部的旅游生态效率均高于中部、西部；2010~2018 年，中部地区的旅游生态效率一直处于第一顺位。

第三章　旅游生态效率时空演变分析

本章主要对第二章基于 ML 指数的旅游生态效率测度结果进行时空演变分析。本章安排如下：第一节主要分析旅游生态效率时序演变特征；第二节主要分析旅游生态效率空间分布特征；第三节主要分析旅游生态效率区域变动特征；第四节为本章小结。

第一节　旅游生态效率时序演变特征

首先，本书基于 ML 指数对旅游生态效率从时间维度上进行分析。从图 3 - 1 可以看出，我国旅游生态效率整体处于一个波动上升的态势。从 2003 年的历史最低值 0.886 上升到 2005 年的 1.063，2006 年大幅下降。随后 2008 ~ 2010 年呈逐步上升态势，并在 2010 年达到最高值 1.129，之后下降趋于平缓。但是，到 2017 年快速下降至 0.963，其后慢慢增长至 2018 年的 1。从图 3 - 1 中可以看出，2004 ~ 2018 年我国旅游生态效率基本大于 1，说明我国的旅游生态效率处于一个上升的态势，也说明我国的旅游生态环境得到了有效的保护。尤其是 2012 ~ 2016 年 5 年间处于一个非常稳定的时期，表明我国旅游业正在从传统粗放型的发展模式向着资源节约型的发展模式转型。但不排除一些特殊年份的旅游生态效率低于 1，比如 2003 年、2006 年等。正如前文所述，2003 年我国遭受了非典疫情以及 2006 年开始实行的一些政策使得旅游业的经济效益受到了比较大的影响。

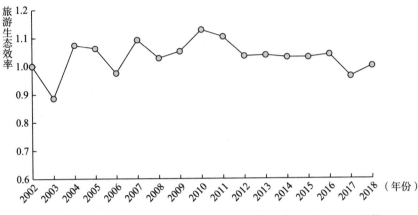

图 3 - 1　2002～2018 年基于 ML 指数的我国旅游生态效率变化趋势

其次，本书探讨了不同地区旅游生态效率的变化趋势。从图 3 - 2 可以看出，东部、中部和西部的旅游生态效率在 2002～2011 年的变化趋势并不一致，但在 2011 年之后的变化趋势较为一致。其中，东部地区在 2003 年下降之后快速上升至 2004 年的峰值 1. 217，随后下降至 2008 年的 0. 968。这说明此时东部地区旅游经济的粗放型管理模式的弊端开始显现。此后逐步上升至 2010 年的 1. 151，然后略微下降并趋于平缓，说明此时东部地区开始关注可持续发展的旅游模式，并通过引进新技术和新的管理模式提升旅游生态效率。除了 2003 年、2008 年以及 2017 年三年低于 1 之外，其他年份均大于 1。与之不同的是，中部地区在 2003 年到达谷底之后，2005 年上升到第一个峰值 1. 137，随后又大幅下降至 2006 年的 0. 874。中部地区的旅游生态效率在短暂上升后又面临较大的下滑。随着新的经济计划的出台，旅游生态效率提升，但经济刺激的长期效应并不明显，随后旅游生态效率降低。2007 年，再一次大幅度上升至第二个峰值 1. 200。此后，中部地区的旅游生态效率相对比较平稳且大部分年份大于 1。西部地区则从 2003 年上升之后，一直小幅度波动，至 2017 年低于 1，并于 2018 年回升至 1。这主要是因为西部地区本身经济基础薄弱，更容易受到经济措施、资本投入与劳动力投入所带来的影响。

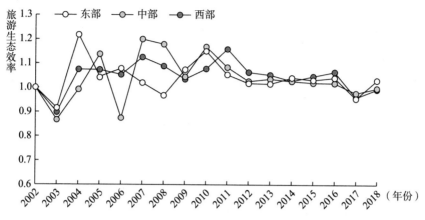

图 3 - 2　2002 ～ 2018 年基于 ML 指数的我国不同地区的
旅游生态效率变化趋势

本书利用 MaxDEA 8.0 软件将影响旅游生态效率的技术效率（EC）指数拆分为纯技术效率（PEC）指数和规模效率（SEC）指数，将技术进步（TC）指数拆分为纯技术进步（PTC）指数和规模技术进步（STC）指数。表 3 - 1 展示了各个指数的变化趋势。

表 3 - 1　我国旅游生态效率 ML 指数及其分解

年份	旅游生态效率	技术效率	纯技术效率	规模效率	技术进步	纯技术进步	规模技术进步
	ML	EC	PEC	SEC	TC	PTC	STC
2003	0.886	0.938	0.952	0.975	0.943	0.845	1.061
2004	1.074	1.138	1.070	1.065	0.930	0.983	0.919
2005	1.063	0.976	0.961	1.008	1.080	1.121	0.944
2006	0.974	0.941	0.905	1.032	1.040	1.048	0.970
2007	1.093	1.035	1.008	1.020	1.061	1.054	0.997
2008	1.028	0.894	0.945	0.928	1.154	1.078	1.044
2009	1.052	0.981	0.985	0.992	1.060	1.034	1.022
2010	1.129	1.069	1.022	1.036	1.044	1.019	1.004
2011	1.104	0.990	1.022	0.968	1.105	1.047	1.054

年份	旅游生态效率	技术效率	纯技术效率	规模效率	技术进步	纯技术进步	规模技术进步
	ML	EC	PEC	SEC	TC	PTC	STC
2012	1.035	1.000	1.012	0.984	1.032	1.010	1.017
2013	1.038	0.972	0.967	0.993	1.049	1.051	0.979
2014	1.031	0.905	0.981	0.916	1.129	1.039	1.082
2015	1.031	0.942	0.941	0.993	1.086	1.071	1.004
2016	1.041	0.851	0.836	0.988	1.138	1.120	0.988
2017	0.963	1.075	1.102	0.972	0.836	0.847	0.972
2018	1.000	0.983	1.015	0.955	0.978	0.941	1.025

注：基于 DEA 的效率分析；以 2002 年为基期且记为 1。

此外，将 EC 进一步分解为 PEC 和 SEC。由图 3 - 3 可以看出，尽管纯技术效率和规模效率交替影响我国技术效率，但大部分时间是纯技术效率在影响我国技术效率。2002～2014 年，我国的旅游产业管理和技术等因素在大部分情况下是有益于旅游生态效率的提高的。然而，2006 年和 2016 年，纯技术效率的影响明显低于规模效率的影响，可能是因为 2006 年我国旅游产业和谐旅游主题的提出对传统旅游管理模式提出了新的挑战，2016 年"十三五"规划的提出使得以往的管理系统并不能发挥有效的作用。

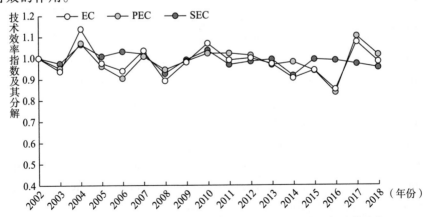

图 3 - 3　2002～2018 年我国旅游生态效率的技术效率指数及其分解

将 TC 进一步分解为 PTC 和 STC。由图 3 - 4 可以看出，2004 年之后我国旅游的技术进步主要由纯技术进步驱动，这表明此阶段我国的绿色研发和先进技术以及人才的引进逐渐占据优势并促进了我国技术进步。但是，有些年份的纯技术进步指数也是低于 1 的。比如，2017 年我国的纯技术进步指数大幅下降。在此阶段，规模技术进步并未对旅游生态效率的提升做出明显的贡献，反而在很多年份抑制了我国旅游生态效率的提升。这说明我国在技术利用上还存在很大的不足，很多先进的技术并不能及时创造价值。

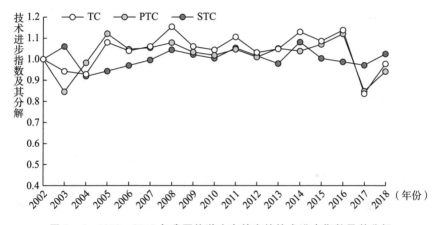

图 3 - 4　2002 ~ 2018 年我国旅游生态效率的技术进步指数及其分解

进一步，本书探讨了 2002 ~ 2018 年不同省区市旅游生态效率 ML 指数及其分解（见表 3 - 2）。可以看出，17 年间我国的技术效率指数均值为 0.978，小于 1，说明技术效率对我国旅游生态效率的增长有一定的负面影响。技术进步指数是 1.016，促进了我国旅游生态效率的增长。总的来说，技术进步是促进我国旅游生态效率增长的主要因素。此外，各省区市的相关指数有很大的差异。吉林、河北和贵州在技术效率上是处于排序靠前的三个省份，重庆、上海和湖南是排名末尾的三个省市。在技术进步方面，上海、海南和甘肃是排名前三的省市，而青海、云南和宁夏是排名靠后的三个省区。事实上，吉林、河北和贵州等经济和科技相对落后的省份更多地依赖管理模式的提升来推动旅游生态效率的提高，而科技发展较快、人才和技术吸引力较大的东部沿海地区主要依赖技术的进步来提高旅游生态效率。由此可以看出，我国不同区域旅游生态效率的驱动因素不尽相同，虽然加强技术进步、提高旅游管理的科学性，以及优化旅游资源的配置均是十分重要的，但是针对不同的区域需要因地制宜，对于经济较为发达的省份应该更加注重科技的力量，而对于经济发展较为欠缺的省份则应该更加注意管理模式和资源配置的改善。

表 3 - 2　2002～2018 年全国 30 个省区市旅游生态效率 ML 指数及其分解

省区市	旅游生态效率	技术效率	纯技术效率	规模效率	技术进步	纯技术进步	规模技术进步
	ML	EC	PEC	SEC	TC	PTC	STC
安徽	1.046	1.000	1.047	1.009	1.039	0.991	1.007
北京	1.022	0.973	1.051	0.967	1.044	1.007	1.007
福建	1.023	0.970	1.054	0.980	1.046	0.990	1.008
甘肃	1.087	1.014	1.072	1.015	1.061	0.999	1.010
广东	1.059	1.007	1.051	0.999	1.018	1.007	1.033
广西	1.059	1.022	1.037	1.025	1.035	0.997	1.002
贵州	1.047	1.029	1.017	1.022	1.017	1.006	1.001
海南	1.064	0.976	1.091	0.994	1.067	0.982	1.022
河北	1.048	1.035	1.012	1.033	1.013	1.002	0.999
河南	1.012	0.967	1.047	0.982	1.033	0.985	1.013
黑龙江	1.044	1.008	1.035	1.018	1.024	0.990	1.011
湖北	1.036	0.987	1.049	0.994	1.036	0.993	1.013
湖南	1.015	0.945	1.074	0.962	1.059	0.982	1.014
吉林	1.059	1.041	1.018	1.037	1.017	1.003	1.001
江苏	1.033	0.987	1.047	1.000	1.019	0.987	1.028
江西	1.029	1.013	1.016	1.010	1.016	1.004	1.000
辽宁	1.055	0.998	1.057	0.996	1.050	1.002	1.007
内蒙古	1.045	1.012	1.033	1.004	1.032	1.008	1.001
宁夏	1.064	0.978	1.087	1.015	1.001	0.964	1.086

续表

省区市	旅游生态效率	技术效率	纯技术效率	规模效率	技术进步	纯技术进步	规模技术进步
	ML	EC	PEC	SEC	TC	PTC	STC
青海	1.042	0.968	1.076	0.991	1.003	0.977	1.073
山东	1.051	0.990	1.061	0.984	1.037	1.006	1.024
山西	1.049	1.022	1.027	1.030	1.020	0.993	1.006
陕西	1.054	1.002	1.053	1.009	1.048	0.993	1.004
上海	1.028	0.949	1.083	0.949	1.068	1.000	1.014
四川	1.040	0.986	1.055	0.988	1.033	0.998	1.021
天津	1.016	0.997	1.019	0.997	1.019	1.000	1.000
新疆	1.074	1.013	1.060	1.018	1.053	0.995	1.007
云南	1.002	1.002	1.001	1.002	1.002	1.000	0.999
浙江	1.045	0.987	1.059	1.001	1.034	0.986	1.024
重庆	1.014	0.965	1.052	0.965	1.053	1.000	0.998
均值	1.032	0.978	1.038	0.981	1.016	0.988	1.004

第二节 旅游生态效率空间分布特征

旅游生态效率在时间上的演变也意味着其一定存在空间上的迁移。然而，先前的 ML 指数仅能提供旅游生态效率的时序演变特征，缺乏对空间分布特征的解释。为了更全面、更直观地了解 2002～2018 年 17 年间全国各地区旅游生态效率在空间上的分布特征和演变过程，本书借助 ArcGIS 软件绘制了 30 个省区市的旅游生态效率的空间截面分布图①，分别展示了 2002～2018 年 17 年间全国各地区旅游生态效率均值的分布，以及四个不同年份（2004 年、2008 年、2014 年和 2018 年）各地区旅游生态效率的空间分布，对于解读我国旅游生态效率的总体分布和变化趋势具有重要的描述和分析作用。由结果可知，2002～2018 年 17 年间我国

---

① 因篇幅限制结果无法展示，如需要可向笔者索取。

旅游生态效率的分布是不均衡的，并且呈现高低聚集区相互交错的特点。其中，旅游生态效率较高的区域主要有两个：北京－天津－河北－山西高极值区域和浙江－福建－广东－广西高极值区域。其中，北京－天津－河北－山西高极值区域与周围地区（比如山东、河南、陕西和辽宁）的旅游生态效率的差值不是很大，表明该高极值区域的旅游生态效率存在溢出效应。导致这一现象的原因可能有两点。一是北方地区平坦开阔的地形地势，促使该区域的旅游碳排放容易跨越不同的区域和省份，从而使得地区间的污染物存在较强的空间溢出。内蒙古与北京、天津、河北和山西之间的旅游生态效率的空间联动明显要弱，很有可能就是因为其较高的海拔限制了碳排放在地域之间转移。二是京津冀一体化政策极大地促使区域间协同发展，特别是在"十三五"期间，北京、天津和河北不但深化了教育、医疗卫生和养老等社会公共服务方面的同步发展，还在环境保护、科技引进以及可持续发展等方面实现了进一步的互通发展。然而，浙江－福建－广东－广西高极值区域与周围地区的旅游生态效率的差值较大，表明这些地区的旅游生态效率的溢出效应较弱。导致这一现象的原因是，该区域的经济发展较快、科技化程度较高，但周围邻近省份的互通程度相对有限，特别是技术本来就相对难以转移，极大地限制了旅游生态效率在空间上的溢出。东北的黑龙江、吉林和辽宁，以及中部地区的河南和湖北的旅游生态效率处于一个中等水平。湖南和江西的旅游生态效率处于一个较低水平，这可能是受到当地粗放型旅游管理模式和不够科学的旅游生态模式的影响。甘肃的旅游生态效率较高，这得益于当地的旅游发展模式，该地区的旅游产业以自然、豪迈和粗犷为主题，本身与环境之间有很强的关联，因此在某种程度上限制了旅游发展的碳排放。整体来看，我国的旅游生态效率呈现不平衡和高低交错的局面。

下面，对2004年、2008年、2014年以及2018年四个年份的旅游生态效率进行分析。

2004 年，我国的旅游生态效率呈现东西两端较高而中部地区均匀分布的特征。新疆、甘肃和陕西形成了西北部的高极值区，这得益于其环境依赖型的旅游发展模式。这些以自然生态为主要旅游资源的地区本身以"绿色发展"为主题就会形成更低的旅游碳排放，从而促进旅游生态效率的提高。相反，此时中国东部沿海各省份处于一个旅游管理模式粗放和旅游经济发展不平衡的阶段，限制了旅游生态效率的提升。东南沿海的广东则凭借开放优势和经济优势提高了旅游生态效率并溢出到邻近的广西。从整体来看，2004 年我国的旅游生态效率发展更多依赖地区自身的旅游资源和旅游发展模式，受绿色科技和环境政策的影响较弱。

从 2008 年我国旅游生态效率的空间分布可以看出，西部地区旅游生态效率的高极值区域主要转移到了青海，并形成了青海－四川－陕西－山西的高极值片区。该区域在此时间段内旅游生态效率提升的一个重要原因是，2008 年西部各省份对旅游产业进行了调整，降低了旅游碳排放。然而，在此阶段东南沿海各省份的旅游生态效率处于一个较低的水平，原因在于 2008 年的全球金融危机对我国东南沿海各省份的旅游经济造成了巨大的冲击，使得旅游生态效率降低。

从 2014 年我国旅游生态效率可以看出，旅游生态效率较高的省区包括北方的内蒙古和甘肃以及南方的云南和海南。这一时期全国入境旅游呈现下降的趋势，然而内蒙古和甘肃的入境旅游实现了一个小幅度的增长，从而促进了旅游经济的发展。云南旅游业在 2014 年迎来新的机遇期，大理、丽江等旅游网红城市快速崛起，带动了旅游经济增长。此时的东部以及东南沿海各省份凭借技术优势和管理优势逐渐提升了旅游生态效率。

从 2018 年我国旅游生态效率可以看出，随着我国"十三五"规划的到来，绿色经济发展与可持续发展开始逐步成为一种大趋势，全国各省区市也都纷纷出台相应的政策，在促进旅游经济增长的同时提升旅游生态效率。其中，北方的京津冀一体化进程极大地促进了北方地区旅游生态效率的提高。然而,相邻的内蒙古、山西等省区较少受到政策溢出效应的影响。此外,海南由于独特的海岛旅游资源以及自贸区的建立吸引了大量的游客,促进了旅游生态效率的提升。东部的上海、浙江和江苏则依靠雄厚的经济基础与科技力量,使旅游生态效率处于一个较高的水平。西北部的新疆、甘肃、内蒙古等的粗放型管理模式以及不合理的旅游模式逐渐暴露弊端。

综上,以我国2002~2018年17年间旅游生态效率的发展为例,研究发现我国区域旅游生态效率的空间分布存在明显的特征:不同省份的旅游生态效率的变动很大,并且省份之间的空间转变效应不断增强;旅游生态效率的空间溢出范围显著增大,不同区域间旅游经济协同和旅游碳排放的联动效果逐渐提高。这一观点与演化经济地理学所强调的内容是一致的,该理论认为区域经济组织在发展过程中会不断地协同和联动。然而,我国的区域旅游生态效率在时空演化过程中也存在一系列的问题,尤其明显的是较弱的自组织性。实际上,从研究结果可以看出,我国区域旅游生态效率在时空演变过程中存在较弱的自组织现象,即大部分区域之间没有自行按照某种规则形成一定的结构或功能,这不仅与地区的地理环境有关,在更大程度上是由区域的经济发展、人文环境以及旅游产业自身所决定的。一方面,不同区域间的地理差异导致其关于旅游经济和旅游生态的行动和政策存在明显的差异;另一方面,区域旅游的全产业链特性导致旅游产业具有明显的分散性和时空滞后性,使得不同区域之间的旅游生态效率存在较弱的空间关联。

第三节　旅游生态效率区域变动特征

尽管上一节探讨了我国旅游生态效率的空间分布,但缺乏对我国旅游生态效率空间轨迹转移的分析。为了更深入地了解区域旅游生态效率在空间上的变化和转移,本书采用标准差椭圆模型对其空间延展方向以及中心点轨迹转移进行了识别（见图 3 – 5）。该方法通过长轴方向标准差、短轴方向标准差和方向角三个要素，对空间分布要素进行特征描述。其中，长轴方向标准差描述了地理要素在空间延展上的特征，该指标越大表明该要素在空间上的分布范围越大；短轴方向标准差反映了地理要素在空间上的密集性，该指标越小，表明地理要素在空间上的密集性越强；方向角则反映了地理要素在空间分布上与正北方向的偏离程度。相较于可视化的旅游生态效率分布图，标准差椭圆模型可以有效地捕捉区域旅游生态效率的空间轨迹转移，解析旅游生态效率在不同年份的变动趋势，为我国 2002～2018 年旅游生态效率的轨迹变动提供更有力和更充分的解释。

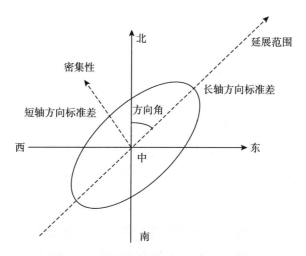

图 3 – 5 标准差椭圆模型的空间坐标系

标准差椭圆的空间方程主要需要计算平均中心、长轴方向标准差、短轴方向标准差和方向角四个要素，其具体公式如下。

（1）平均中心：

$$X = \sum_{i=1}^{n} Z_i x_i \Big/ \sum_{i=1}^{n} Z_i ; Y = \sum_{i=1}^{n} Z_i y_i \Big/ \sum_{i=1}^{n} Z_i \qquad (3-1)$$

其中，x_i、y_i 为区域 i 的旅游生态效率的重心坐标，Z_i 为该区域旅游生态效率的数量。

（2）长轴、短轴方向标准差：

$$SDE_x = \sqrt{\frac{\sum_{i=1}^{n}(x_i - \overline{X})^2}{n}}; SDE_y = \sqrt{\frac{\sum_{i=1}^{n}(y_i - \overline{Y})^2}{n}} \qquad (3-2)$$

其中，$\overline{X}$ 和 $\overline{Y}$ 为标准差椭圆的重心坐标，n 为子区域的数量。

（3）方向角：

$$\tan\theta = \frac{\alpha + \beta}{\gamma}$$
$$\alpha = \sum_{i=1}^{n}\overline{x}_i^2 - \sum_{i=1}^{n}\overline{y}_i^2$$
$$\beta = \sqrt{(\sum_{i=1}^{n}\overline{x}_i^2 - \sum_{i=1}^{n}\overline{y}_i^2) + 4(\sum_{i=1}^{n}\overline{x}_i\overline{y}_i)^2}$$
$$\gamma = 2\sum_{i=1}^{n}\overline{x}_i\overline{y}_i \qquad (3-3)$$

其中，$\overline{x}_i$ 和 $\overline{y}_i$ 是区域 i 与中心点的偏差。

根据式（3-1）~式（3-3），计算得到长三角地区的旅游生态效率在不同时间截面上标准差椭圆模型的参数，之后，按照68%的数据包含比例，绘制整个区域的标准差椭圆和平均中心的变动轨迹①。从整体可以看出，我国旅游生态效率较高的省区市广泛分布在以河南为中心，北至京津冀，东至上海，南至广东、广西，西至四川、贵州、甘肃部分地区的广大区域中，反映出我国的东北、西北等地区旅游生态效率降低的现状。这与我国旅游经济以及生态环保的现状基本吻合。

从重心轨迹及移动的方向来看，以2004年、2008年、2014年以及2018年四个年份为研究截面（112.226°，34.005°）、（112.171°，34.288°）、（112.059°，33.770°）以及（112.101°，33.754°）（见表3-3）。此外，2004~2008年，我国区域旅游生态效率重心向西北方向偏移，说明西北部地区的旅游生态效率上升，东南沿海地区的旅游生态效率下降；2008~2014

①　因篇幅限制结果无法展示，如需要可向笔者索取。

年，我国区域旅游生态效率重心逐渐向西南方向偏移，说明此时东北地区的旅游生态效率下降，而西南地区的旅游生态效率升高；2014～2018年，我国区域旅游生态效率重心向东南方向进行了略微的偏移。总的来说，在2002～2018年17年间，我国区域旅游生态效率重心呈现从东北向西南偏移的态势。

表3－3　2004～2018年我国区域旅游生态效率的标准差椭圆模型的参数

年份	重心坐标		长轴方向标准差（米）	短轴方向标准差（米）	方向角
	经度	纬度			
2004	112.226°	34.005°	1007205.941	1134766.96	29.469°
2008	112.171°	34.288°	985885.404	1182140.371	37.305°
2014	112.059°	33.770°	1010879.632	1157689.127	28.799°
2018	112.101°	33.754°	1010710.972	1159984.179	25.547°

从长轴方向标准差上来看，四个时间点的长轴方向标准差大体呈现上升的态势，从2004年的1007千米降低至2008年的986千米，再延展至2014年的1011千米，最后达到2018年的1011千米。这一变化趋势说明我国在东北和西南走向上有更多的区域在不断地提高旅游生态效率，使得范围越来越大。这离不开我国长期以来所坚持的绿色发展和可持续发展战略。此外，从短轴方向标准差上可以看出，四个时间点的短轴方向标准差变化并不明显，四个年份的短轴方向标准差依次为1135千米、1182千米、1158千米以及1160千米。这一指标说明我国区域旅游生态效率在密集性上变化并不明显，仍然集中在前文所述的京津冀、江浙沪、东南沿海以及部分陕西、甘肃等西部省份。

从方向角的变化可以看出，四个时间点的方向角也是趋于稳定的，其角度分别为29.469°、37.305°、28.799°和25.547°。这一指标反映了我国的区域旅游生态效率在空间格局上从正东－正南角度向东北－西南角度偏转了3.922°。

总的来说，2002～2018年的17年间我国区域旅游生态效率的重心整体呈现从东北向西南地区转移的态势，主要说明我国西南地区如四川、云南等省份的旅游生态效率在不断提升，而东北的黑龙江等省份的旅游生态效率在不断降低。从旅游生态效率的延展上可以看出，得益于绿色发展和可持续发展理念的深入人心，越来越多的省份在提高其旅游生态效率。然而，我国旅游生态效率的密集性没有发生很大的变化，并且主要集中在东北－西南这一方向上。

第四节　本章小结

本章主要对我国区域旅游生态效率 ML 指数进行了时序演变特征分析、空间分布特征分析和区域变动特征分析，主要结果如下。

第一，从时序演变特征上来看，我国的旅游生态效率整体处于一个波动上升的态势。从 2003 年上升到 2005 年，之后在 2008～2010 年呈逐步上升态势，然后下降趋于平缓。此外，2004～2018 年，我国旅游生态效率基本大于 1，说明我国的旅游生态效率处于一个上升的态势。

第二，从空间分布特征上来看，不同省份的旅游生态效率的变动很大，并且省份之间的空间转变效应不断增强；旅游生态效率的空间溢出范围显著增大，不同区域间旅游经济协同和旅游碳排放的联动效果逐渐提高。此外，我国区域旅游生态效率在时空演变过程中存在较弱的自组织现象，即大部分区域之间没有自行按照某种规则形成一定的结构或功能，这不仅与地区的地理环境有关，在更大程度上是由区域的经济发展、人文环境以及旅游产业自身所决定的。

第三，从空间轨迹转移上来看，2002～2018 年我国区域旅游生态效率的重心整体呈现从东北向西南地区转移的态势。此外，越来越多的省份在提高其旅游生态效率。然而，我国旅游生态效率的密集性没有发生很大的变化，并且主要集中在东北－西南这一方向上。

第四章　旅游生态效率的影响因素

第三章的结果表明我国各省份的旅游生态效率存在时间和空间上的差异，那么了解哪些因素促进或制约我国各省份的旅游生态效率增长成为一个重要的问题。为此，本章将进一步探究旅游生态效率的影响因素。本章的安排如下：第一节通过梳理已有文献，确定影响旅游生态效率的变量及其相应的测量指标，并对其影响路径进行阐述；第二节对本章所使用的计量模型进行简单介绍；第三节介绍数据来源并对样本进行相关性分析；第四节利用面板 OLS、面板空间误差模型和空间滞后模型进行计量分析，为我国旅游生态效率的提升提供理论参考和数据支撑；第五节为本章小结。

第一节　影响因素的确定及指标测量

根据前文所述，旅游生态效率是指旅游业在产生更多的旅游产品和服务期望价值（如经济收益和游客数量）的同时减少资源消耗和环境污染（Peng et al.，2017）。此外，旅游生态效率可以用旅游期望价值指标（分子）与旅游环境负荷指标（分母）的比值来描述。其中，旅游期望价值表示一个经济体或地区整体的经济收入或游客数量等；旅游环境负荷包括与旅游生产活动有关的资源消耗和环境污染。由此可见，旅游生态效率与资源消耗、经济发展和环境污染等三个方面的因素密不可分。

Zhang 等（2008）提出规模效应、结构效应、技术效应、资本效应、环境政策和法规因素是影响地区行业生态效率的 6 个主要因素。与之类似，李丽霞（2019）梳理了影响我国区域旅游全要素生产率的 5 个主要因素，即结构因素、技术因素、规模因素、政府因素以及其他因素。根据文献综述内容，本书将主要从结构因素（即产业结构和城镇化水平）、规模因素（即旅游经济强度和能源消耗）、科技因素（即科技水平和创新能力）、政府规制因素（即环境规制）以及其他因素（即交通通达性和对外开放程度）等 5 个影响因素对旅游生态效率进行分析。

一 结构因素

一是产业结构。产业结构是国民经济中一个重要的结构性因素。一般而言，产业结构反映了不同产业在某一个经济体或地区所占的比例，影响着地区层面的资源分配、能源消耗和经济效益。合理的产业结构和均衡的产业发展是促进地区经济发展和行业生态效率提高的重要因素。先前研究表明，合理的产业结构离不开地区的经济发展，也与经济体的教育水平、消费结构和资源禀赋等因素密切相关。更为重要的是，要想将产业结构合理的优势发挥到最大，还需要各个产业之间的协调发展。我国不同区域之间的产业结构有着明显的差异，特别是近年来资源的大量消耗和环境的日益恶化使得产业结构的布局和谋划成为很多经济体和经济部门从长远角度实现生态效率提高的重要工具和方式。其中，产业结构从第一产业向第二产业和第三产业的转移体现了一种生产效率的提升，因为第三产业是典型的低投入－高产出型，而第二产业是高投入－低产出型。因此，越来越多的研究探讨了产业结构对于旅游生态效率的影响。比如，石江江和杨兵兵（2020）探讨了民族地区的产业结构对于旅游生态效率的影响。基于先前的研究，本书采用某一省份第三产业占该省份 GDP 的比例来表示该省份的产业结构（IND）。考虑到旅游产业属于第三产业，第三产业的占比越高，表明该省份的旅游业及该省份在吃、住、行、游、购、娱等多个方面越发达，旅游经济收入则越高，从而旅游生态效率就越高。所以，研究认为一个地区的第三产业占 GDP 的比例与该省份的旅游生态效率呈正相关。

二是城镇化水平。城镇化水平指的是某一地区或城市的城乡结构，不仅体现了该地区的人口素质和经济发展，同时也体现了其对于经济效益与生态效益协调发展的重视。因此，城乡结构对于地区旅游生态效率的影响路径主要有两条：第一，城镇化水平的提高促进了地区旅游基础设施的完善、旅游资源的整合以及旅游客源市场消费力的提升；第二，城镇化的发展促进了旅游经济和环境保护的协同发展，特别是新型城镇化概念强调在促进旅游产业发展的同时通过引进新技术、人才减少资源的消耗和环境的污染，从而践行"绿水青山就是金山银山"的绿色发展观。比如，李丽霞（2019）探讨了地区的城乡结构对于旅游业绿色全要素生产率的影响。结合先前的研究，本书将一个省份的城镇人口占总人口比重来表征城镇化水平（URB），并认为城镇化水平与旅游生态效率呈正相关。

二　规模因素

一是旅游经济强度。地区的旅游经济强度反映了一个地区在整体层面对于旅游产业在资金、人力、能源、科技等多个方面的投入和产出。因此，一个地区的旅游经济强度越高，说明该地区的旅游产业越发达，拥有越完善的旅游基础设施、越强大的旅游消费市场，以及越明显的旅游技术优势。此外，旅游经济强度较高的地区还具有明显的规模优势。首先，较高的旅游经济强度意味着该地区拥有较完善的产业结构、较成熟的技术优势，并且能够快速完成旅游产业的开发转型，对资源的依赖程度较低。其次，较高的旅游经济强度促进了技术密集型产业和经济密集型产业的协同发展，促进了旅游生态效率的提高。因此，很多学者将地区的旅游经济强度作为一个重要的变量纳入旅游生态效率的影响因素研究中。比如，王兆峰和刘庆芳（2019a）探讨了旅游经济强度对于当地旅游生态效率的影响。因此，结合前人研究，本书将一个省份的旅游收入区位熵作为当地旅游经济强度的衡量指标，具体来说，用一个省份的旅游总收入与游客总数量的比值来衡量其旅游经济强度（ECO）。

二是能源消耗。能源消耗直接反映了一个地区的能源投入和使用程度。能源投入越多通常表明环境污染物的排放越多。因此，该指标能比较客观地描述地区旅游生态效率的变化情况。结合前人的研究，本书选取一个省份的万元 GDP 的能耗表示该省份的能源消耗（ENY），并且认为能源消耗水平越高，当地的旅游生态效率就越低。

三　科技因素

一是科技水平。科学技术的进步对于产业或行业产品的使用、开发和能源的利用、转化具有巨大的推动作用。科技水平能够对旅游生态效率产生影响主要是因为通过提高自身的创新能力、引进新技术和人才能够提升能源利用率，地区的产业或行业能够降低资源的消耗和污染物的排放，从而形成经济增长和生态环境提升的双赢局面。科技进步对于旅游生态效率的提升还体现在多个方面，比如，电子信息技术的发展极大地推动了信息化旅游的发展，使得广大游客借助手机、互联网等了解当地的旅游景区，从而形成了线上和线下相结合的旅游方式，提高了旅游收入。此外，科学技术发展推动当地的交通业发展以及助力旅游中垃圾的处理，从而降低旅游的碳排放量。本书选取一个省份的技术成交额与GDP 的比值（TECH），并且认为科技水平与旅游生态效率呈正相关。

二是创新能力。地区的创新能力越高，意味着该地区越能够接受新的技术，越会对新的产业模式做出调整，并且能够将之应用到生产活动的各个环节。可以预测，创新能力的提高可以显著地促进当地旅游生态效率的提升，因为创新不仅体现了对技术的重视以及通过技术创新提升能源利用率和降低环境污染，也表明当地人口可能更加注重环境保护和生态健康，从长远的角度去考虑问题而非当下的经济收益。因此，借鉴前人的研究，本书将创新能力（$CREA$）纳入旅游生态效率影响因素的考察中，并且用地区的专利申请数量来测量。

四　政府规制因素

政府规制主要是环境规制。环境规制主要指各级政府部门通过制定和实施一系列与环境保护相关的规章、制度和标准（如排污许可证等）来约束产业或行业的能源消耗和污染物排放的行为，从而降低环境污染并且实现绿色可持续发展的目的。先前研究表明，环境规制主要包括自愿、市场激励以及控制三种方式。其中，自愿是指行业自愿参与到政府所构建的环境保护计划中。市场激励指的是政府给予采用相应规章、制度和标准的企业一定的市场激励。控制则是指政府通过强制手段来命令行业必须执行的与环境相关的行为，如重污染行业的准入与退出。环境规制对于旅游生态效率的提升有着非常大的促进作用。首先，政府作为地区旅游生态效率提高的主导力量，通过制定各种环境政策和环境标准可以有效地约束行业的能源消耗和污染排放。严格的排污标准和能源消耗要求淘汰掉一批高能耗的产业，从长期来看能够提高整体的旅游生态效率。其次，市场激励机制给予当地行业更多的获得利润的机会，使得它们不断地加大绿色技术创新和引进人才，以帮助其不断降低能源消耗和污染物的排放。最后，自愿的政府规制符合人民的长远利益，从长期来看能够促使旅游行业越来越多地投入绿色科技的研发中。Picazo-Tadeo等（2011）发现欧盟的共同农业政策能有效提高当地的生态效率。但是，由于企业在环境保护方面的成本提升，其经济收益往往受到较大的影响。因此，本书选择一个省份的污染治理投资额与 GDP 的比值来表征当地的环境规制（ENV），并且认为政府的环境规制会显著地提升当地的旅游生态效率。

五　其他因素

一是交通通达性。旅游业的发展与交通通达性有着密不可分的关系。在旅游客源方面，较高的交通通达性可以有效地节约游客更多的时间成本和精力成本，从而吸引更多的游客，促进地区旅游客源市场的发展，提升当地的经济效益。此外，便利的交通还能吸引更多的投资和人才，因为便利的交通往往意味着更强的知识、技术和机会的流动，会受到更多外部资本和优质人力资本的关注。Gössling 等（2005）的研究认为，旅行距离和运输方式是影响旅游生态效率的两个关键因素。因此，本书采用地区的公路密度，即公路里程与区域面积的比值来表征该地区的交通通达性（$TRAN$），并且认为交通通达性能够正向影响地区的旅游生态效率。

二是对外开放程度。对外开放程度反映了地区对于新技术、新的管理模式以及新型人才的接受程度。一般而言，对外开放程度越高的地区，先进技术、管理模式和人才的流动程度就越高，其绿色创新效率的水平也就越高。此外，对外开放程度越高也意味着该地区可能是一个游客相当庞大的市场，拥有丰富的旅游资源以及完善的旅游基础设施。在旅游研究方面，Fujii 和 Managi（2013）的实证研究表明，外国直接投资增加能够提高以空气污染物衡量的旅游生态效率。然而，对外开放程度也有可能会降低当地的旅游生态效率。特别是，对于一些劳动密集型和依赖出口的地区，较高的对外开放程度会导致大量的低廉劳动力的流入和国际资本的涌入，虽然在一定程度上能够提升当地的经济效益但在更大程度上会威胁到当地的环境保护。因此，本书将对外开放程度纳入旅游生态效率影响因素的分析中，并且用地区的实际使用外资金额来表征对外开放程度（$OPEN$）。

表 4-1 展示了本书所选用的旅游生态效率的影响因素及相应的指标。

表 4 – 1　旅游生态效率的影响因素及相应的指标

影响因素	指标	变量符号	测量方式
结构因素	产业结构	IND	该地区的第三产业占 GDP 的比例
	城镇化水平	URB	该地区的城镇人口占总人口比重
规模因素	旅游经济强度	ECO	该地区的旅游总收入与游客总数量的比值
	能源消耗	ENY	该地区的万元 GDP 的能耗
科技因素	科技水平	TECH	该地区的技术成交额与 GDP 的比值
	创新能力	CREA	该地区的专利申请数量
政府规制因素	环境规制	ENV	该地区的污染治理投资额与 GDP 的比值
其他因素	交通通达性	TRAN	该地区的公路里程与区域面积的比值
	对外开放程度	OPEN	该地区的实际使用外资金额

第二节　计量模型

本章主要采用普通最小二乘法（Ordinary Least Square，OLS）和空间计量模型来估计各个因素对旅游生态效率的影响。

一　普通最小二乘法

普通最小二乘法是解决一般曲线拟合问题最常用的方法。该方法具有四个比较严格的条件：第一，线性模型，即模型可以表达为 $y = X\beta + \varepsilon$，这通常表明 $\frac{\partial y}{\partial x_i}$ 是不依赖自变量的函数；第二，严格的外生性，即 $E[\varepsilon \mid X] = 0$，这意味着误差项与自变量是完全不相关的；第三，非奇异性，自变量 X 是非随机的且满秩的，即 $\text{rank}(X) = k > 0$；第四，误差项是不相关的，即 $E[\varepsilon_i \varepsilon_j] = 0$（$i \neq j$）。满足以上四个条件，就可以得到最优无偏的线性估计（Best Linear Unbiased Estimation，BLUE）。在小样本的情况下各个变量需要满足正态分布的假定，而在大样本的情况下则需要满足中心极限定理的假定。本书通过取自然对数，各个变量的值已经满足正态分布的要求。本书采用面板数据的普通最小二乘法的计量模型，如下所示：

$$TEE_{it} = \beta_0 + \beta_1 \ln ECO_{it} + \beta_2 IND_{it} + \beta_3 \ln OPEN_{it} + \beta_4 \ln ENY_{it} + \beta_5 \ln ENV_{it} +$$
$$\beta_6 \ln TRAN_{it} + \beta_7 \ln CREA_{it} + \beta_8 URB_{it} + \beta_9 \ln TECH_{it} + \beta_i + \beta_t + \varepsilon_{it} \qquad (4-1)$$

式（4-1）中，i 和 t 分别代表省份和年份。TEE_{it} 表示 i 省份第 t 年的旅游生态效率。$\ln ECO_{it}$ 表示 i 省份第 t 年的旅游经济强度的自然对数。IND_{it} 表示 i 省份第 t 年的第三产业占 GDP 的比例。$\ln OPEN_{it}$ 表示 i 省份第 t 年的对外开放程度的自然对数。$\ln ENY_{it}$ 表示 i 省份第 t 年的能源消耗的自然对数。$\ln ENV_{it}$ 表示 i 省份第 t 年的环境规制的自然对数。$\ln TRAN_{it}$ 表示 i 省份第 t 年的交通通达性的自然对数。$\ln CREA_{it}$ 表示 i 省份第 t 年的创新能力的自然对数。URB_{it} 表示 i 省份第 t 年的城镇化水平。$\ln TECH_{it}$ 表示 i 省份第 t 年的科技水平的自然对数。ε_{it} 为随机干扰项。此外，模型中还加入了省份固定效应 β_i 和时间固定效应 β_t。

二 空间计量模型

普通的面板计量模型会忽略空间因素。根据地理学第一定律，一个地区的旅游生态效率不仅受到本地旅游生产活动的影响，还受到邻近地区旅游生产活动及其相关因素的影响。因此，本书拟通过建立空间计量模型进行全面分析。通常地，空间数据违背了经典计量经济学中的两个基本假设：首先，具有空间依赖性特征的数据往往违背了计量分析中所有样本相互独立的前提假设；其次，空间数据由于具有很强的空间异质性因而所有的样本并非来自同一总体。由于以上两个特征的存在，空间计量模型中的解释变量和随机干扰项之间通常是无法正交的。因此，采用符合高斯-马尔科夫经典假定条件的 OLS 估计无法得到无偏和有效的结果。

空间计量模型通过引入空间相关矩阵，探索一组具有空间依赖性和异质性的解释变量对被解释变量的影响。依据观察值不同的空间作用方式，空间计量模型分为空间误差模型（Spatial Error Model，SEM）和空间滞后模型（Spatial Lag Model，SLM）。其中，空间误差模型中的空间关联性主要反映在邻近地区误差项之间的相互作用，即两地区的随机干扰项之间存在空间上的关联。与之不同，空间滞后模型中的空间关联性主要体现在邻近地区因变量滞后项的影响上，换句话说，某一地区的经济行为对该局部区域内其他地区的经济活动产生了作用。

基于研究的客观需要，本书主要采用空间误差模型和空间滞后模型进行分析。具体而言，空间误差模型表达式如下：

$$TEE_{it} = \beta_0 + \beta_1 \ln ECO_{it} + \beta_2 IND_{it} + \beta_3 \ln OPEN_{it} + \beta_4 \ln ENY_{it} + \beta_5 \ln ENV_{it} + \beta_6 \ln TRAN_{it} +$$
$$\beta_7 \ln CREA_{it} + \beta_8 URB_{it} + \beta_9 \ln TECH_{it} + \beta_i + \beta_t + \varepsilon_{it}$$

$$\varepsilon_{it} = \lambda w_{kron} \varepsilon_{it} + \upsilon_{it} , \upsilon_{it} \sim N(0, \sigma_{it}^2) \qquad (4-2)$$

空间滞后模型的表达式如下：

$$TEE_{it} = \beta_0 + \rho w_{kron} TEE_{it} + \beta_1 \ln ECO_{it} + \beta_2 IND_{it} + \beta_3 \ln OPEN_{it} + \beta_4 \ln ENY_{it} + \beta_5 \ln ENV_{it} +$$
$$\beta_6 \ln TRAN_{it} + \beta_7 \ln CREA_{it} + \beta_8 URB_{it} + \beta_9 \ln TECH_{it} + \beta_i + \beta_t + \varepsilon_{it} \qquad (4-3)$$

其中，i 和 t 分别代表省份和年份，β_i 和 β_t 分别代表省份固定效应和时间固定效应。w_{kron} 表示克罗内克积，其表达式为 $w_{kron} = I_T \times w_N$，其中，$I_T$ 为时间权重矩阵，w_N 为空间权重矩阵。TEE_{it} 表示 i 省份第 t 年的旅游生态效率。$\ln ECO_{it}$ 表示 i 省份第 t 年的旅游经济强度的自然对数。IND_{it} 表示 i 省份第 t 年的第三产业占 GDP 的比例。$\ln OPEN_{it}$ 表示 i 省份第 t 年的对外开放程度的自然对数。$\ln ENY_{it}$ 表示 i 省份第 t 年的能源消耗的自然对数。$\ln ENV_{it}$ 表示 i 省份第 t 年的环境规制的自然对数。$\ln TRAN_{it}$ 表示 i 省份第 t 年的交通通达性的自然对数。$\ln CREA_{it}$ 表示 i 省份第 t 年的创新能力的自然对数。URB_{it} 表示 i 省份第 t 年的城镇化水平。$\ln TECH_{it}$ 表示 i 省份第 t 年的科技水平的自然对数。ε_{it} 为随机干扰项。

空间权重矩阵是进行空间计量模型分析的基本要素，通常用来体现不同地区在经济、文化或物理距离之间的关系。常用的空间权重矩阵有空间邻接矩阵、地理距离矩阵、技术距离矩阵、经济距离矩阵以及文化距离矩阵。其中，空间邻接矩阵又称为 0 – 1 矩阵，指的是两个相邻近的省份为 1，不邻近的省份为 0。地理距离矩阵主要是指两个区域之间在空间上物理距离的远近。省份之间的物理矩阵一般通过计算两省份的省会之间的物理距离来衡量。经济距离矩阵则是通过计算两省份之间的人均GDP 差距的倒数来衡量。结合研究变量的实际情况以及客观需要，本书主要通过地理距离矩阵来检验两区域间的旅游生态效率在空间上是否存在相关。

第三节　数据来源及样本相关性分析

本书将我国 30 个省区市 2002～2018 年省级层面的数据构建成一个面板数据集。该数据集总共包括 10 个变量共计 510 个观察值。其中，旅游经济强度、产业结构、对外开放程度和城镇化水平的数据来源于《中国统计年鉴》（2003～2019 年），科技水平和创新能力的数据来自中国科技成果数据库（2003～2019 年），能源消耗的数据来源于中国能源数据库（2003～2019 年），环境规制的数据来源于中国环境数据库（2003～2019 年），交通通达性来源于中国城乡建设数据库（2003～2019 年）。

本书首先对各个变量的分布进行了检验以保证后续计量模型的准确性和无偏性。由于 ECO（Skewness = 15.39036）、$OPEN$（Skewness = 4.578905）、ENY（Skewness = 1.176494）、ENV（Skewness = 1.583402）、$TRAN$（Skewness = 2.3632795）、$CREA$（Skewness = 6.385855）、$TECH$（Skewness = 6.755798）呈现左偏，本书对这些变量进行了取自然对数的处理。同时，取自然对数还可以减少极端值对估计结果的影响。表 4 – 2 展示了各个变量的描述性统计，可以看出，我国各省份的旅游生态效率的均值是 1.050，整体处于上升的趋势。产业结构的均值为 42.40%，表明大部分省份的第三产业处于一个中等偏高的水平。城镇化水平的均值为 52.27%，表明我国大部分省份的城镇化水平也处于一个良好的状态。

表 4-2　各个变量的描述性统计

变量名称	变量符号	观察值	均值	最小值	最大值	标准差
旅游生态效率	TEE	510	1.050	0.470	2.860	0.180
旅游经济强度	$\ln ECO$	510	6.900	5.380	10.62	0.610
产业结构	IND	510	42.40	28.60	80.98	8.850
对外开放程度	$\ln OPEN$	510	5.930	1.950	9.860	1.500
能源消耗	$\ln ENY$	510	9.150	6.400	10.61	0.750
环境规制	$\ln ENV$	510	0.180	-1.970	1.480	0.470
交通通达性	$\ln TRAN$	510	11.40	8.750	12.71	0.890
创新能力	$\ln CREA$	510	6.410	0	11.57	2.010
城镇化水平	URB	510	52.27	26.87	89.60	14.34
科技水平	$\ln TECH$	510	4.530	0.360	9.730	1.610

此外，本书对各个变量之间的关系进行了 Pearson 相关性分析。表 4-3 的结果表明，大部分变量之间的相关性在 0.2~0.7 且大多在 5% 的水平下显著，说明各个变量之间存在较强的相关性。此外，为了探讨变量之间是否存在共线性，本节进行了方差膨胀因子（VIF）的检验，结果显示所有变量的平均 VIF = 4.29，这表明多个变量之间并不存在严重的多重共线性。

表 4-3　各个变量的相关性分析

变量	TEE	$\ln ECO$	IND	$\ln OPEN$	$\ln ENY$	$\ln ENV$	$\ln TRAN$	$\ln CREA$	URB	$\ln TECH$
TEE	1									
$\ln ECO$	-0.0463*	1								
IND	-0.0812*	0.441**	1							
$\ln OPEN$	-0.0548*	0.426**	0.426*	1						
$\ln ENY$	-0.0020*	0.203**	-0.0288*	0.478*	1					
$\ln ENV$	0.0083*	0.00470*	0.0660*	-0.181*	-0.0195	1				

变量	TEE	lnECO	IND	lnOPEN	lnENY	lnENV	lnTRAN	lnCREA	URB	lnTECH
lnTRAN	0.0059*	0.0893**	-0.245**	0.0617*	0.637*	-0.0842*	1			
lnCREA	-0.0421*	0.398**	0.258*	0.835*	0.489*	-0.178*	0.236*	1		
URB	-0.0618*	0.543**	0.713**	0.525**	0.170***	0.0761*	-0.274**	0.317**	1	
lnTECH	-0.0470*	0.201*	0.704**	0.252*	-0.0884*	0.143**	-0.257**	0.0922*	0.510	1

注：结果由 Stata 17.0 软件计算所得，***、**、*分别表示在 1%、5% 和 10% 的水平下显著。

第四节　实证分析

一　数据平稳性分析

为了避免伪回归情况的出现，面板数据分析的一个前提是每个变量都是符合平稳性假设的，即数据的单位根是相对平稳的，否则估计会是有偏的。单位根的检验分为两类：一类是针对同质性面板数据的，即假设各个单位根的方差是相同的，常见的检验方法有 LLC 和 Breintung；另一类是针对异质性面板数据的，即假设各个单位根的方差是不同的，常见的检验方法有 IPS、ADF-Fisher 和 PP-Fisher。为了使结果更加稳健，本书拟采取上述 LLC、IPS 和 ADF-Fisher 对各个变量进行单位根检验。由表 4-4 可知，滞后期在选择 10 之后，影响旅游生态效率的各个因素中，旅游经济强度、能源消耗、环境规制、交通通达性、科技水平、产业结构、对外开放程度、创新能力和城镇化水平都是平稳的，可以进行面板回归。

表 4-4　各个变量的单位根检验

变量	LLC		IPS		ADF-Fisher	
	特征值	显著性	特征值	显著性	特征值	显著性
lnECO	2.8987	0.0000	4.1075	0.0000	-5.5441	0.0000

续表

变量	LLC		IPS		ADF-Fisher	
	特征值	显著性	特征值	显著性	特征值	显著性
IND	6.2255	0.0000	6.4538	0.0000	−1.3982	0.0000
ln*OPEN*	−0.768	0.0012	5.5031	0.0000	−1.9522	0.0004
ln*ENY*	−10.5591	0.0000	−7.246	0.0000	−17.6676	0.0000
ln*ENV*	−5.221	0.0000	−2.6864	0.0036	−10.2883	0.0000
ln*TRAN*	−49.7987	0.0000	−36.2553	0.0000	−10.5874	0.0000
ln*CREA*	83.1839	0.0255	4.1539	0.0000	−3.0944	0.0012
URB	0.6602	0.0054	8.0548	0.0000	2.0647	0.0097
ln*TECH*	−5.6368	0.0000	1.6029	0.9455	−4.1455	0.0000

二 基于面板 OLS 的实证结果

在计量经济学中，通常需要多个模型来检验结果是否稳定。本书首先利用 Stata 17.0 软件对影响我国旅游生态效率的各个因素进行基于面板数据的 OLS 估计，结果如表 4 − 5 所示。其中，列（1）~（3）分别展示了混合截面 OLS（Pooled OLS）、基于 robust 稳健性的混合截面 OLS（Pooled OLS-robust）、基于 cluster 聚类稳健性的混合截面 OLS（Pooled OLS-cluster）的回归结果，可以看出只有旅游经济强度（ln*ECO*）均在 10% 的水平下显著地促进了旅游生态效率的增长，其他的要素基本没有影响旅游生态效率。由于混合面板没有省份固定效应和时间固定效应，本书又利用固定效应模型和随机效应模型估计了各个要素对旅游生态效率的影响。其中，列（4）~（6）分别展示了固定效应模型（FE）、基于 robust 稳健性的固定效应模型（FE-robust）、基于 cluster 聚类稳健性的固定效应模型（FE-cluster）的回归结果，可以看出能源消耗（ln*ENY*）抑制了旅游生态效率的增长，而旅游经济强度、创新能力和城镇化水平则基本上促进了旅游生态效率的增长。此外，列（7）~（9）分别展示了随机效应模型（RE）、基于 robust 稳健性的随机效应模型（RE-robust）、基

表 4 - 5　我国旅游生态效率的影响因素分析

变量	(1) Pooled OLS	(2) Pooled OLS-robust	(3) Pooled OLS-cluster	(4) FE	(5) FE-robust	(6) FE-cluster	(7) RE	(8) RE-robust	(9) RE-cluster
lnECO	0.28* (2.05)	0.28* (2.45)	0.28* (2.23)	0.474* (2.20)	0.474* (2.41)	0.474* (2.41)	0.283* (2.17)	0.283* (2.34)	0.283* (2.34)
IND	-0.00050 (-0.37)	-0.00050 (-0.44)	-0.00050 (-0.56)	-0.0016 (-0.71)	-0.0016 (-1.39)	-0.0016 (-1.39)	-0.00050 (-0.37)	-0.00050 (-0.56)	-0.00050 (-0.56)
ln$OPEN$	0.00560 (0.43)	0.00560 (0.42)	0.00560 (0.62)	-0.0100 (-0.36)	-0.0100 (-0.79)	-0.0100 (-0.79)	0.00560 (0.43)	0.00560 (0.62)	0.00560 (0.62)
lnENY	-0.0249 (-1.15)	-0.0249 (-1.20)	-0.0249* (-2.23)	-0.18** (-3.06)	-0.2*** (-4.23)	-0.2*** (-4.23)	-0.0249 (-1.15)	-0.0249* (-2.23)	-0.0249* (-2.23)
lnENV	-0.00337 (-0.18)	-0.00337 (-0.18)	-0.00337 (-0.27)	0.00459 (0.17)	0.00459 (0.34)	0.00459 (0.34)	-0.00337 (-0.18)	-0.00337 (-0.27)	-0.00337 (-0.27)
ln$TRAN$	-0.00511 (-0.27)	-0.00511 (-0.31)	-0.00511 (-0.61)	0.0102 (0.23)	0.0102 (0.32)	0.0102 (0.32)	-0.00511 (-0.27)	-0.00511 (-0.61)	-0.00511 (-0.61)
ln$CREA$	0.0138 (1.80)	0.0138 (1.38)	0.0138 (1.86)	0.026* (1.97)	0.026* (2.52)	0.026* (2.52)	0.0138 (1.80)	0.0138 (1.86)	0.0138 (1.86)
URB	0.000226 (0.13)	0.000226 (0.13)	0.000226 (0.19)	0.0043 (1.16)	0.0043* (2.05)	0.0043* (2.05)	0.000226 (0.13)	0.000226 (0.19)	0.000226 (0.19)
ln$TECH$	-0.00512 (-0.56)	-0.00512 (-0.53)	-0.00512 (-0.62)	-0.0141 (-0.95)	-0.0141 (-1.00)	-0.0141 (-1.00)	-0.00512 (-0.56)	-0.00512 (-0.62)	-0.00512 (-0.62)
常数项	0.990*** (5.64)	0.990*** (7.19)	0.990*** (9.75)	-0.108 (-0.28)	-0.108 (-0.63)	-0.108 (-0.63)	0.990*** (5.64)	0.990*** (9.75)	0.990*** (9.75)

续表

变量	（1）	（2）	（3）	（4）	（5）	（6）	（7）	（8）	（9）
	Pooled OLS	Pooled OLS-robust	Pooled OLS-cluster	FE	FE-robust	FE-cluster	RE	RE-robust	RE-cluster
N	510	510	510	510	510	510	510	510	510
省份固定效应				Yes	Yes	Yes	Yes	Yes	Yes
时间固定效应				Yes	Yes	Yes	Yes	Yes	Yes

注：括号内为 t 值；***、**、* 分别表示在 1%、5% 和 10% 的水平下显著。

于 cluster 聚类稳健性的随机效应模型（RE-cluster）的回归结果，可以看出旅游经济强度促进了旅游生态效率增长，而能源消耗基本上抑制了旅游生态效率的增长。此外，霍斯曼检验的显著性在90%的置信水平下是显著的，表明可以采用固定效应模型。

三 空间相关性检验

检验区域间的空间相关性是进行空间计量分析的第一步。如果不同区域之间的旅游生态效率存在空间相关性，则表明需要建立空间计量模型。相反，如果不同区域之间的旅游生态效率不存在空间相关性，则表明普通的 OLS 回归具有一定的解释力。莫兰指数（Moran's I）是检验空间相关性常用的方法。莫兰指数反映了一个特定的观察值在某一地区与其邻近区域之间的相关程度，包括全局莫兰指数和局部莫兰指数。其中，全局 Moran's I 用于分析空间数据在整体上的聚集情况，也可以被视为某一观察值与其滞后项之间的相关系数。其表达式如下：

$$\text{Moran's I} = \frac{\sum_{i=1}^{n} \sum_{j=1}^{n} w_{ij}(x_i - \bar{x})(x_j - \bar{x})}{S^2 \sum_{i=1}^{n} \sum_{j=1}^{n} w_{ij}}$$

其中，w_{ij} 为 i 行和 j 列的空间权重矩阵中的元素，$\sum_{i=1}^{n} \sum_{j=1}^{n} w_{ij}$ 表示所有空间权重的综合。S^2 为样本的方差，且其表达式为 $S^2 = \dfrac{\sum_{i=1}^{n} (x_i - \bar{x})^2}{n}$。此外，标准化的空间权重矩阵的莫兰指数可以表达为 $\text{Moran's I} = \dfrac{\sum_{i=1}^{n} \sum_{j=1}^{n} w_{ij}(x_i - \bar{x})(x_j - \bar{x})}{\sum_{i=1}^{n} (x_i - \bar{x})^2}$。在线性方程中，全局莫兰指数通常是某一变量和其空间滞后项所联立的方程的斜率，其取值在 $-1 \sim 1$。该数值大于零则代表两区域观察值存在正相关的空间关系，并且数值越大，则说明空间正相关性越强，空间聚集性越强，相似属性的区域聚集在一起（即高高相邻或低低相邻）。相反地，该数值小于零则表明两区域观察值在空间上呈现负相关关系，空间的分散性越强（即高低相邻或低高相邻）。此外，零值表示观察值无空间相关性，即为随机分布状态。莫兰指数的绝对值也体现了空间相关性的强弱，并且绝对值越大表明两区域的空间相关性越强。

z统计量通常被用来检验某个符合正态分布的区域的空间莫兰指数的显著性，其表达式为：

$$z = \frac{\text{Moran's I} - E(I)}{\sqrt{Var(I)}} = \frac{\text{Moran's I} - \left(\frac{1}{1-n}\right)}{\frac{n^2\frac{1}{2}\sum\limits_{i=1}^{n}\sum\limits_{j=1}^{n}(w_{ij}+w_{ji})^2+n\sum\limits_{i=1}^{n}(w_{i.}+w_{.j})^2+3(\sum\limits_{i=1}^{n}\sum\limits_{j=1}^{n}w_{ij})^2}{(\sum\limits_{i=1}^{n}\sum\limits_{j=1}^{n}w_{ij})^2(n^2-1)} - \left(\frac{1}{1-n}\right)^2}$$

在上述公式中，$w_{i.}$和$w_{.j}$分别指的是空间矩阵的第i行和第j列元素的相加。z统计量的原假设是，如果各个区域的数据符合正态分布，那么其分布位置与数值是相互独立的，即变量数据不存在空间相关性。因此，当z统计量的值在95%的置信区间内显著时，则拒绝原假设并且接受备择假设，即认为区域在空间上是存在相关性的。此外，当z统计量的值大于零时，表明数据在空间上呈现聚集的态势；而当该值小于零时，则表明数据在空间上呈现分散的态势。

然而，全局Moran's I只能抓取所有区域在整体空间分布上的分散与聚集程度而不能反映局部空间的一致性或异质性。因此，有必要再次引入空间的局部莫兰指数。局部莫兰指数常用于分析空间序列的局部聚集情况。局部莫兰指数侧重于某一区域的某种生产活动或特征值是否与邻近区域的生产活动或特征值是相关联的。局部莫兰指数弥补了全局莫兰指数在局部层面上无法反映空间一致性或异质性的不足，具有重要的意义。局部莫兰指数往往是通过局部空间关联指标的显著性以及莫兰散点图等来分析某个区域与其周围区域的空间关系。

其表达式为：

$$\text{Moran's I}_i = \frac{(x_i - \bar{x})}{\left[\frac{1}{n}\sum\limits_{i=1}^{n}(x_i - \bar{x})^2\right]^2}\sum\limits_{j=1}^{n}w_{ij}(x_j - \bar{x}), i \neq j$$

其中，x_i 和 x_j 分别代表某种生产活动 x 在空间区域 i 和 j 上的观察值。w_{ij} 是空间权重矩阵的元素，可以表征区域 i 和 j 在空间上的一致性或异质性。当 z 统计量在 95% 的置信区间内显著时，即表明区域的观察值在空间上是相关的。

在旅游生态效率的文献中，常用莫兰散点图来反映变量在空间上的聚集或分散关系。在莫兰散点图中，坐标的横轴对应被检验的变量，坐标的纵轴对应空间滞后项。因此，莫兰散点图通常被划分为 4 个象限，即第一象限表示高旅游生态效率的区域被高旅游生态效率的区域包围；第二象限表示低旅游生态效率的区域被高旅游生态效率的区域包围；第三象限表示低旅游生态效率的区域被低旅游生态效率的区域包围；第四象限表示高旅游生态效率的区域被低旅游生态效率的区域包围。一、三象限的区域存在空间上的一致性聚集。相反地，二、四象限的区域存在空间上的异质性聚集。

本书利用 Stata 17.0 软件，选取全国 30 个省区市的地理距离矩阵为空间权重矩阵对旅游生态效率进行空间相关性检验。表 4-6 展示了我国旅游生态效率的全局莫兰指数，可以看出莫兰指数均是小于 0.1 的，表明我国各省区市之间的旅游生态效率存在一定的空间相关性。此外，局部莫兰指数结果显示，2008~2018 年长三角地区的旅游生态效率存在较强的空间相关性。[①] 总的来说，旅游生态效率高的城市被旅游生态效率低的城市包围或旅游生态效率低的城市被旅游生态效率高的城市包围。

---

① 因篇幅限制，局部莫兰指数结果未展示，如需要可向笔者索取。

表 4 - 6   我国旅游生态效率的全局莫兰指数

年份	Moran's I	期望	标准差	z 值	p 值
2003	- 0. 055	- 0. 034	0. 020	- 1. 034	0. 151
2004	- 0. 037	- 0. 034	0. 020	- 0. 138	0. 445
2005	- 0. 012	- 0. 034	0. 019	- 1. 658	0. 049
2006	- 0. 022	- 0. 034	0. 019	0. 663	0. 254
2007	- 0. 046	- 0. 034	0. 019	- 0. 599	0. 274
2008	- 0. 049	- 0. 034	0. 020	- 0. 759	0. 224
2009	- 0. 033	- 0. 034	0. 019	0. 100	0. 460
2010	- 0. 012	- 0. 034	0. 020	1. 110	0. 133
2011	- 0. 086	- 0. 034	0. 018	- 2. 859	0. 002
2012	- 0. 073	- 0. 034	0. 016	- 2. 390	0. 008
2013	- 0. 047	- 0. 034	0. 017	- 1. 491	0. 068
2014	- 0. 029	- 0. 034	0. 015	- 1. 723	0. 042
2015	- 0. 037	- 0. 034	0. 010	- 0. 293	0. 385
2016	- 0. 045	- 0. 034	0. 017	- 1. 719	0. 043
2017	- 0. 054	- 0. 034	0. 019	- 2. 108	0. 017
2018	- 0. 040	- 0. 034	0. 013	- 1. 817	0. 035

注：以 2002 年为基期。

　　本书还绘制了 2005 年、2008 年、2012 年、2015 年和 2018 年的莫兰散点图。① 2005 年我国各省区市旅游生态效率的莫兰散点图表明，我国的各省区市大部分集中在第二象限的低高聚集区。其中，第一象限（即高高聚集区）包括安徽、湖南、江苏、山东、陕西 5 个省份，占比16.7%。第二象限（即低高聚集区）包括广东、山西、湖北、浙江、内蒙古、天津、重庆等 16 个省区市，占比 53.3%。第三象限（即低低聚集区）的省区仅 3 个，包括海南、广西、黑龙江，占比 10%。第四象限（即高低聚集区）的省份有 6 个，包括贵州、河北、江西、青海、河南、辽宁，占比 20%。由此可见，2005 年我国大部分省区市的旅游生态效率

①　因篇幅限制，莫兰散点图结果均没有展示，如需要可向笔者索取。

处于一个低高聚集的状态。

2008 年我国各省区市旅游生态效率的莫兰散点图表明，第一象限（即高高聚集区）包括辽宁、黑龙江、吉林、陕西 4 个省份，占比 13.3%。第二象限（即低高聚集区）包括湖南、上海、甘肃、江苏、宁夏、河北、重庆、内蒙古、北京、山东等 13 个省区市，占比 43.3%。第三象限（即低低聚集区）包括云南、贵州、海南、福建、浙江、广西、天津等 8 个省区，占比 26.7%。第四象限（即高低聚集区）包括湖北、山西、四川、青海和安徽 5 个省份，占比 16.7%。可以看出，2008 年我国各省区市的旅游生态效率较大比重集中在第二象限，其他区域分布相对均匀。

2012 年我国各省区市旅游生态效率的莫兰散点图表明，第一象限（即高高聚集区）包括宁夏、四川、陕西、重庆、新疆、青海 6 个省区，占比 20%。第二象限（即低高聚集区）包括甘肃、贵州、云南、河南、黑龙江、内蒙古、辽宁等 8 个省区，占比 26.7%。第三象限（即低低聚集区）包括北京、福建、浙江、上海、天津、河北、安徽等 13 个省市，占比 43.3%。第四象限（即高低聚集区）包括山东、吉林和广西 3 个省区，占比 10%。可以看出，2012 年我国各省区市的旅游生态效率较大比重集中在第三象限，其次集中在第二象限，第一、四象限相对较少。

2015 年我国各省区市旅游生态效率的莫兰散点图表明，绝大部分的省区市集中在第二象限（即低高聚集区）和第三象限（即低低聚集区），包括辽宁、贵州、湖北、内蒙古、甘肃、安徽、北京、天津、江苏、广东、重庆、四川、新疆、黑龙江、吉林、辽宁等 24 个省区市。有 4 个省区分布在第一象限（即高高聚集区），包括山西、宁夏、河北、山东。有 2 个省份分布在第四象限（即高低聚集区），包括海南和浙江。总的来说，2015 年我国各省区市的旅游生态效率较大比重集中在第二、第三象限。

2018 年我国各省区市旅游生态效率的莫兰散点图表明，第一象限（即高高聚集区）仅包括广东 1 个省份。第二象限（即低高聚集区）包括贵州、云南、河南、内蒙古、辽宁等15个省区，占比50.0%。第三象限（即低低聚集区）包括新疆、甘肃、宁夏、吉林、重庆、湖北、陕西、黑龙江、四川等9个省区市，占比30.0%。第四象限（即高低聚集区）包括天津、浙江、青海、河北和海南5个省市，占比16.7%。可以看出，2018年我国各省区市的旅游生态效率较大比重集中在第二象限。

四 空间计量模型的实证结果

本书采用地理距离矩阵，利用Stata 17.0软件对影响我国旅游生态效率的各个因素进行了空间滞后模型和空间误差模型回归，结果如表4-7所示。其中，列（1）~（3）分别展示了空间滞后模型、固定效应的空间滞后模型和随机效应的空间滞后模型。结果显示，当不加入省份固定效应时，旅游经济强度、创新能力和城镇化水平的回归系数均显著。当加入省份固定效应后，固定效应模型显示，能源消耗（$\beta = -0.141$，$z = -3.64$，$p < 1\%$）抑制了旅游生态效率的增长。其经济学含义为，能源消耗每增加1个单位，则意味着旅游生态效率就降低0.141个单位。然而，旅游经济强度（$\beta = 0.184$，$z = 2.15$，$p < 10\%$）、创新能力（$\beta = 0.0223$，$z = 1.98$，$p < 10\%$）和城镇化水平（$\beta = 0.00254$，$z = 1.99$，$p < 10\%$）会正向影响旅游生态效率。旅游经济强度每增加1个单位，则旅游生态效率就会增加0.184个单位；创新能力每增加1个单位，旅游生态效率就会增加0.0223个单位；城镇化水平每增加1个单位，旅游生态效率就会增加0.00254个单位。根据霍斯曼检验的结果，相应的卡方统计量为72.36，对应的显著性小于0.000，表明固定效应的解释优于随机效应。随后，通过LM检验来确定模型是选择空间滞后模型还是空间误差模型。LM检验可以看出模型是在空间误差（Spatial Error）上显著还是在空间滞后（Spatial Lag）上显著。表4-8展示了LM检验的结果，可以看出，空间误差的检验统计量及稳健性均是不显著的，而空间滞后的统计量及稳健性均是显著的，因此，本书认为空间滞后模型适合本书

的分析。

表 4 - 7 　基于空间计量模型的我国旅游生态效率的影响因素分析

变量	(1)	(2)	(3)	(4)	(5)	(6)
	SLM	SLM - FE	SLM - RE	SEM	SEM - FE	SEM - RE
ln*ECO*	0.576*	0.184*	0.576*	0.129*	0.414*	0.129*
	(2.05)	(2.15)	(2.05)	(1.99)	(2.02)	(1.99)
IND	-0.000490	-0.00131	-0.000490	0.000129	-0.00180	0.000129
	(-0.56)	(-1.21)	(-0.56)	(0.18)	(-1.56)	(0.18)
ln*OPEN*	0.00124	-0.00878	0.00124	0.000671	-0.0105	0.000671
	(0.14)	(-0.67)	(0.14)	(0.08)	(-0.81)	(0.08)
ln*ENY*	-0.0204	-0.141***	-0.0204	-0.0192	-0.145***	-0.0192
	(-1.83)	(-3.64)	(-1.83)	(-1.87)	(-3.36)	(-1.87)
ln*ENV*	-0.0126	0.00152	-0.0126	-0.00306	0.00405	-0.00306
	(-1.03)	(0.12)	(-1.03)	(-0.30)	(0.33)	(-0.30)
ln*TRAN*	0.00548	0.00234	0.00548	-0.00339	0.0215	-0.00339
	(0.69)	(0.07)	(0.69)	(-0.36)	(0.77)	(-0.36)
ln*CREA*	0.0153*	0.0223*	0.0153*	0.00877	0.0231	0.00877
	(1.99)	(1.98)	(1.99)	(1.10)	(1.83)	(1.10)
URB	0.00096*	0.00254*	0.00096*	0.0000950	0.00368	0.0000950
	(2.25)	(1.99)	(2.55)	(0.07)	(1.60)	(0.07)
ln*TECH*	-0.00956	-0.0103	-0.00956	-0.00435	-0.00976	-0.00435
	(-1.14)	(-0.73)	(-1.14)	(-0.54)	(-0.67)	(-0.54)
常数项	0.848***		0.848***	0.966***		0.966***
	(6.79)		(6.79)	(8.34)		(8.34)
Spatial						
ρ	2.045***	9.739***	2.045***			
	(4.11)	(3.67)	(4.11)			
λ				13.10***	9.320**	13.10***
				(5.62)	(2.98)	(5.62)
N	510	510	510	510	510	510

注：括号内为 z 值；***、**、*分别表示在 1%、5% 和 10% 的水平下显著。

表 4 – 8 空间计量模型的 LM 检验

检验	统计量	自由度	显著性
Spatial Error			
Lagrange Multiplier	0. 0586	1	0. 8167
Robust Lagrange Multiplier	0. 0642	1	0. 8417
Spatial Lag			
Lagrange Multiplier	25. 749	1	0. 000
Robust Lagrange Multiplier	20. 645	1	0. 000

进一步地，本书对空间效应进行拆解：直接效应、间接效应和总效应。其中，直接效应表示某一区域的各个影响因素对于该区域旅游生态效率的直接影响，间接效应表示某一区域的邻近地区的各个影响因素对于该区域旅游生态效率的间接影响，而总效应为两者之和，表示各个影响因素对旅游生态效率的整体影响，结果如表 4 – 9 所示。从直接效应的结果可以看出，能源消耗（$\beta = -0.1416$，$z = -2.09$，$p < 10\%$）会抑制旅游生态效率，即本地区的能源消耗每增加 1 个单位则本地区的旅游生态效率就会降低 0. 1416 个单位。相反地，旅游经济强度（$\beta = 0.3144$，$z = 2.42$，$p < 10\%$）、创新能力（$\beta = 0.0298$，$z = 2.15$，$p < 10\%$）和城镇化水平（$\beta = 0.0037$，$z = 2.07$，$p < 10\%$）会直接地促进旅游生态效率，即本地区的旅游经济强度每增加 1 个单位，本地区的旅游生态效率就会提高 0. 3144 个单位；本地区的创新能力每增加 1 个单位，本地区的旅游生态效率就会提高 0. 0298 个单位；本地区的城镇化水平每增加 1 个单位，本地区的旅游生态效率就会提高 0. 0037 个单位。在间接效应方面，邻近地区的旅游经济强度（$\beta = 0.1968$，$z = 2.22$，$p < 10\%$）、能源消耗（$\beta = -0.0587$，$z = -2.13$，$p < 10\%$）和城镇化水平（$\beta = 0.0016$，$z = 2.17$，$p < 10\%$）会间接地影响本地区的旅游生态效率。这说明，地区的旅游经济强度、能源消耗和城镇化水平有空间溢出效应。

表 4 - 9   影响我国旅游生态效率的各个因素的效应分解

变量	直接效应	间接效应	总效应
ln*ECO*	0. 3144 * (2. 42)	0. 1968 * (2. 22)	0. 5112 * (2. 27)
IND	- 0. 00186 (- 1. 44)	- 0. 00085 (- 1. 15)	- 0. 0027 (- 1. 35)
ln*OPEN*	- 0. 01356 (- 0. 79)	- 0. 00623 (- 0. 79)	- 0. 0198 (- 0. 79)
ln*ENY*	- 0. 1416 * (- 2. 09)	- 0. 05868 * (- 2. 13)	- 0. 2004 * (- 2. 04)
ln*ENV*	0. 00444 (- 0. 26)	0. 0021 (- 0. 26)	0. 006528 (- 0. 26)
ln*TRAN*	- 0. 00604 (- 0. 32)	- 0. 00774 (- 0. 32)	- 0. 0138 (- 0. 38)
ln*CREA*	0. 02976 * (2. 15)	0. 01272 (1. 65)	0. 04248 * (2. 13)
URB	0. 00372 * (2. 07)	0. 001608 * (2. 17)	0. 00528 * (2. 39)
ln*TECH*	- 0. 01488 (- 0. 66)	- 0. 00774 (- 0. 63)	- 0. 02268 (- 0. 70)

注：括号内为 z 值； * 表示在 10% 的水平下显著。

五　结果分析

通过上述分析可以看出，第一，地区之间的旅游生态效率的确存在空间相关性，这表明某一省份的旅游生态效率受到邻近省份的影响。第二，借助固定效应的空间滞后模型，可以看出，某一省份的旅游经济强度、能源消耗、创新能力和城镇化水平可以直接地影响本省份的旅游生态效率，而邻近省份的旅游经济强度、能源消耗和城镇化水平可以间接地影响本省份的旅游生态效率。然而，其他因素对旅游生态效率的影响并不显著。

第一，旅游经济强度能显著地促进当地旅游生态效率的提升，并且基于固定效应的空间滞后模型回归结果显示，旅游经济强度每增加 1 个单位,则旅游生态效率就会增加 0.184 个单位。旅游经济强度对当地的旅游生态效率产生影响的可能原因在于,较高的旅游经济强度意味着当地拥有良好的旅游基础设施和庞大的旅游消费市场,推动了旅游经济效益的提升,同时,良好的经济可以使得当地有更多的资金投入环境保护和资源利用。此外,空间滞后模型的间接效应显示,邻近地区的旅游经济强度也会对本地区的旅游生态效率产生影响,可能的原因在于邻近地区的旅游经济能够跨越地域溢出到本地,促进本地的旅游经济发展,从而提高本地的旅游生态效率。因此,当地政府部门提高旅游生态效率的一个关键因素就是提高旅游经济强度。

第二,能源消耗会显著地抑制一个地区的旅游生态效率,并且基于固定效应的空间滞后模型回归结果显示,能源消耗每增加 1 个单位,则意味着旅游生态效率就会降低 0.141 个单位。的确,能源消耗是衡量某一地区能源投入最直观的因素,能源消耗的增加必然会促进该地区碳排放量的大幅度提升。此外,这也说明能源消耗大的省份往往也面临着污染物排放多的局面,否则较高的能源利用率并不会加剧污染物排放。此外,空间滞后模型的间接效应显示,邻近地区的能源消耗会间接地影响本地区的旅游生态效率,并且邻近地区的能源消耗每增加 1 个单位,本地区的旅游生态效率就会降低 0.0587 个单位。这一结果说明邻近省份的能源消耗增加了其污染物的排放,产生了空间溢出效应,导致本省份的旅游生态效率大幅度下降。这再一次表明,能源消耗的增加往往对应着污染物排放的增加。综上所述,能源消耗是导致某一地区旅游生态效率下降非常重要的因素,因为能源消耗的增加往往意味着该地区的能源利用率是相对较低的,而该地区的污染物排放是相对较高的,并且污染物可以从某一省份转移到相邻的省份进而影响其旅游生态效率。

第三,创新能力会显著地提升当地的旅游生态效率。从基于固定效应的空间滞后模型回归结果可以看出,创新能力每增加 1 个单位,旅游生态效率就会增加 0.0223 个单位。事实上,地区的创新能力与本地绿色技术的发展、人才的引进以及先进的技术管理模式是密切相关的。更为重要的是，旅游生态效率可以拆解为技术效率效应和技术进步效应，而这些因素毫无争议地都受到先进的知识、人才和管理模式的驱动。从这里也可以看出，推动旅游生态效率提升的一个重要因素是提升当地的创新能力。除此之外，从空间滞后模型的间接效应可以看出，创新能力的空间溢出效应并不显著。换句话说，一个省份创新能力的提高并不会通过提高邻近省份的技术从而提高本省份的旅游生态效率，因为先进的技术和知识相对于资本、人力等这些容易转移和流动的显性财富来说，是一种更为隐性的、难以短期内习得的财富。事实上，知识的学习是一个长期探索和内化的过程，离不开一个地区的日积月累和自主探索，直接购买、套用和模仿其他地区的技术模式或管理模式并非长久之计，也并非提高旅游生态效率的核心要素。该结果深刻地说明，提高地区独立自主的科技研发能力是提高能源利用率和降低消耗率的关键因素，也是提高地区核心竞争力不可替代和模仿的要素。

第四，城镇化水平会显著地提升当地的旅游生态效率。从基于固定效应的空间滞后模型回归结果可以看出，城镇化水平每增加 1 个单位，旅游生态效率就会增加 0.0025 个单位。较高的城镇化水平往往意味着该地区的人口素质较高、环境保护意识和资源节约的观念较强。旅游生态效率的提高离不开游客个体意识的作用，而个体意识又极大地受到当地人口素质的影响。根据社会影响理论，游客的行为受到旅游所在地社会环境的影响。此外，城镇化水平的提高也意味着当地有着较高的技术水平，能够明显地推动能源消耗的降低和资源利用率的提升，进而提高旅游生态效率。进一步地，空间滞后模型的间接效应显示，邻近地区的城镇化水平提高会促进本地区的旅游生态效率提升，其原因在于周围区域的城乡结构改变了当地的生产技术，降低了能源消耗和污染物排放，这种变化会在空间上产生溢出效应，进而影响本地的旅游生态效率。

第五，研究发现，地区的行业结构、对外开放程度、环境规制、交通通达性、科技水平等并未对旅游生态效率产生显著的影响。行业结构未能对旅游生态效率产生影响，可能是因为虽然第三产业的占比较高，反映了与服务、商品等相关行业的快速发展，但是技术进步和技术效率可能不足。对外开放程度尽管能够促进当地旅游市场的发展，但是也会让当地暴露在更多游客面前，意味着更多的能源消耗和资源浪费，进而降低了旅游生态效率。环境规制尽管提高了地区的资源利用率，降低了能源消耗，但同时也意味着行业或企业需要为此承担更多的成本，进而降低了旅游生态效率。交通通达性可以促进更多的游客到当地旅游，但同时也意味着当地会产生更多的旅游垃圾、旅游能源消耗和旅游碳排放。科技水平虽然能促进当地旅游生态效率的技术效率和技术进步，提高当地的能源利用率，降低当地的污染物排放，但也有可能意味着当地的旅游业不够发达，其经济效益欠佳。

第五节　本章小结

本章主要利用空间计量模型对影响我国旅游生态效率的因素进行了分析，具体总结如下。

首先，通过文献梳理和理论分析，提炼出影响我国旅游生态效率的九大因素：旅游经济强度、产业结构、城镇化水平、科技水平、创新能力、能源消耗、环境规制、交通通达性和对外开放程度。为了进一步验证这些因素对我国旅游生态效率的影响，从《中国统计年鉴》、中国城乡建设数据库、中国科技成果数据库、中国能源数据库、中国环境数据库等收集相应数据，整理后得到 2002～2018 年的面板数据集。

其次，基于混合截面 OLS、面板固定效应模型和面板随机效应模型对旅游生态效率的影响因素进行回归分析，结果显示，各个因素对旅游生态效率的影响并不稳定，因此，进一步考虑可能存在空间相关性的干扰。

再次，通过全局莫兰指数和局部莫兰指数对旅游生态效率进行空间相关性检验，结果显示，我国各省份的旅游生态效率在空间上存在依赖关系。因此，本书进一步基于空间滞后模型和空间误差模型探究旅游生态效率的影响因素。LM 检验的结果显示，我国各省份的旅游生态效率在空间上存在滞后的关系而非误差的关系。为此，本书进一步通过空间滞后模型估计了各个因素对于旅游生态效率的影响。

最后，基于固定效应的空间滞后模型回归结果显示，某一省份的旅游经济强度、能源消耗、创新能力和城镇化水平可以直接地影响本省份的旅游生态效率，而邻近省份的旅游经济强度、能源消耗和城镇化水平可以间接地影响本省份的旅游生态效率。行业结构、对外开放程度、环境规制、交通通达性、科技水平等并未对旅游生态效率产生显著的影响。

第五章　旅游生态效率与旅游经济发展的
互动响应

前文研究结论表明，旅游经济强度会对旅游生态效率产生显著影响，本章将进一步探讨旅游经济发展如何与旅游生态效率互动。第一节阐述旅游生态效率与旅游经济发展的互动机理，第二节运用多指标综合评价法对旅游经济发展指标进行测度，第三节介绍了 PVAR 模型，第四节通过 PVAR 模型的 GMM、脉冲响应和方差分解等方法实证检验了旅游经济发展对旅游生态效率的影响，第五节为本章小结。

第一节　旅游生态效率与旅游经济发展的互动机理

关于经济增长与生态效率之间的关系，可以追溯到环境经济学的著名假说"环境库兹涅茨曲线"。Grossman 和 Krueger（1991）把 Kuznets 提出的"倒 U 形假说"引入环境污染和经济增长的研究中，得到了环境库兹涅茨曲线，表明环境污染水平与经济增长之间的散点曲线呈倒 U 形。国内学者据此提出区域生态效率水平与经济发展水平之间存在 U 形关系，即在经济发展水平较低阶段，经济发展是以环境污染、资源消耗为代价的，经济的发展会降低生态效率水平；但当经济发展超越临界值后，经济的持续发展会提高资源的使用效率，减少资源的损耗和污染物排放，从而会提高生态效率水平。将此理论引入旅游业，旅游经济规模增长伴随的是资源的消耗和污染物的排放，而旅游生态环境变化和旅游经济增长之间的相对速度决定了旅游生态效率的变化（陈作成、龚新蜀，2013）。在此基础上，部分学者认为旅游经济发展和旅游生态效率之间也可能存在相互影响的曲线关系（王胜鹏等，2020；李志龙、王迪云，2020；王兆峰、刘庆芳，2019a）。

一 旅游经济发展对旅游生态效率的影响机理

旅游经济发展已经成为旅游生态效率的重要影响因素之一，会给旅游生态效率带来正面或负面的多重影响（彭红松等，2017；王兆峰、刘庆芳，2019a；黄钰婷，2020；石江江、杨兵兵，2020）。一方面，旅游经济发展可以引导资本投入，注重生态环境保护，也可以通过技术创新，减少能源消耗和碳排放，提高旅游生态效率。另一方面，旅游经济发展会对旅游生态效率产生负面影响。一味地追求经济效益会导致旅游资源过度开发、旅游活动超负荷承载等，进而会引起高能耗、高排放等一系列环境问题，打破生态平衡，当旅游经济收益弥补不了旅游生态环境变化的损失时，会严重降低旅游生态效率。

旅游经济发展可以通过引导资本投入，注重旅游资源环境保护，提高旅游生态效率。旅游需要以目的地生态环境为依托，随着旅游业规模不断扩大，生态环境的重要性也日益凸显，旅游业发展方向逐渐由注重经济效益向经济生态同时抓转变。发展旅游经济的地方政府一般非常注重生态环境保护工作，严格控制和监管企业污染物排放量以及生活垃圾的处理工作，提高旅游景区的生态环境质量。Kytzia 等（2011）以瑞士阿尔卑斯山地区的达沃斯为案例地，应用扩张性投入产出模型对旅游生态效率战略进行评价，结果发现，旅游经济效益可以提高旅游地可持续发展能力和土地利用效率，有助于提高旅游生态效率。

旅游经济发展可以通过优化地区产业结构，提高旅游生态效率。地区的旅游经济发展反映了某地区在整体层面上对于旅游产业或行业在资金、人力、能源、科技等多个方面的投入和产出。因此，某地区的旅游经济强度越高，说明该地区的旅游产业越发达，拥有越完善的旅游基础设施，越强大的旅游消费市场，以及越明显的旅游技术优势，越能够促进技术密集型产业和旅游资源密集型产业的协同发展，促进旅游生态效率提高。

旅游经济发展还可以通过技术创新，提高旅游生态效率。旅游经济的发展也会带来科学技术的进步，通过提高创新水平、引进新技术和人才能够提升能源利用率，地区的产业或行业能够降低资源的消耗和污染物的排放，从而形成旅游经济增长和生态环境提升的双赢局面。如电子信息技术推进智慧旅游的发展，使得旅游者借助移动互联网等了解旅游景区，从而激发旅游需求，可以提高旅游收入，推动旅游经济发展。同时，科学技术发展能够推动当地的交通业发展以及助力旅游中垃圾的处理，从而降低旅游的碳排放量。

但是，也要注意到旅游经济发展对生态环境的负面影响。在发展旅游经济的过程中，游客数量的增加将会对生态环境造成不利影响，再加上旅游基础设施、旅游项目的建设将直接破坏生态环境。因此，消费市场的扩大也将影响旅游生态效率，甚至如果生态环境持续恶化，旅游经济发展也会受到影响。

二 旅游生态效率对旅游经济发展的影响机理

旅游生态效率对旅游经济发展也存在促进和制约两种不同的影响。一方面，旅游生态效率会提高旅游生态环境，促进旅游经济可持续发展。另一方面，旅游生态效率也可能因为过度保护，限制旅游开发，抑制旅游经济发展。

旅游生态效率可以通过旅游环境改善促进旅游经济增长。徐秀美（2015）已论证生态效率是提高旅游目的地经济效率的主要影响因素之一。旅游经济的发展依托区域旅游业的发展，而旅游业对目的地的生态环境具有较强的依赖性，旅游环境的改善能够刺激旅游经济收入的增长（万媛媛等，2019）。只有保证生态环境的持续好转，才能够确保旅游经济具有更多的可能性。只有逐步地构建旅游项目，创建出相应的自然景观，才能够创造诸多可能性，推进旅游经济的发展。确保最大化利用生态环境，推进旅游经济的全面发展。在旅游发展中加大对生态环境的保护力度，为旅游经济发展奠定基础，实现通过生态环境保护促进旅游经济增长的目的。

旅游生态效率可以促进旅游经济可持续发展。面对资源约束趋紧、环境污染加剧、气候变化加快等一系列严峻的环境形势，旅游经济发展面临巨大挑战，旅游生态效率是旅游经济可持续发展能力的重要评价指标。提高旅游生态效率，有利于旅游业从"效率"的角度出发，优化产业结构，变革发展理念，提升旅游业的经济贡献，促进旅游经济可持续发展。

旅游生态效率也会对旅游经济发展产生制约作用。旅游生态效率衡量了旅游生态环境变化和旅游经济增长的相对速度，因此，旅游生态效率的提升会在一定程度上限制旅游经济的增长速度。旅游资源和生态环境是旅游业发展的基础，对旅游资源的开发和利用必然会对生态环境造成一定的负面影响，对生态环境的严格保护则会限制旅游资源开发，约束旅游经济增长。在生态环境阈值内，旅游经济增长与生态环境脱钩，但当超过生态环境阈值时，生态环境则会影响旅游经济增长。

旅游经济的发展会增加地方政府的财政收入和优化产业结构，旅游企业也会增加资本投入，进行技术创新，为生态环境建设提供充足的资金，为产业的健康发展与生态环境保护提供强大的物质后盾，使旅游生态效率得以提高。而生态环境质量的提高，为旅游经济发展注入新的活力，对旅游经济有着决定性的影响。可见，旅游经济的发展水平是旅游生态效率的资金基础和物质保障，旅游生态效率是旅游经济发展的动力，两者有着相辅相成、相互作用的关系。

旅游经济发展与旅游生态效率之间的影响机理如图 5 - 1 所示。

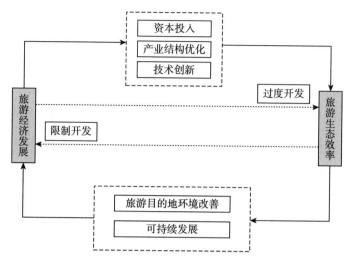

图 5 - 1　旅游经济发展与旅游生态效率之间的影响机理

第二节　旅游经济发展指标评价

一　评价指标体系构建

旅游生态效率是当前反映一个地区人地和谐关系与可持续发展程度的重要量化工具，其变化与当地的旅游经济发展息息相关、密不可分、相互影响，这是因为旅游经济为当地旅游业的发展提供了坚实的基础，包括大量的旅游基础设施、庞大的旅游消费市场以及强大的旅游发展潜力。良好的旅游经济发展不仅能帮助当地景区的开发、配套设施的修建，以及旅游吸引力的增长，还能促进当地人地关系的改善，比如促进当地绿化水平的提高、生态保护资金的增加、绿色创新技术的引进以及旅游利益相关者能源节约意识和环保意识的提升，以此促进当地生态环境的改善。因此，研究旅游经济发展与旅游生态效率的互动影响是非常关键的。事实上，大量研究探讨了旅游经济发展对旅游生态效率的影响。比如，李丽霞（2019）基于我国 30 个省区市 2000～2016 年的研究发现，旅游收入区位熵会显著地影响当地的旅游生态效率。相似地，通过分析 2008～2017 年长江经济带 11 个省份的数据，王兆峰和刘庆芳（2019a）发现旅游经济发展对旅游生态效率的影响随时间推移逐渐变大，而旅游生态效率对旅游经济发展的影响随时间推移逐渐变小。但是，现有研究缺乏从全国视角对旅游生态效率与旅游经济发展之间互动影响的探讨。

目前，对于旅游经济发展的构建指标相对较多，但没有形成统一标准。为了保证该指标的全面性、可获取性，根据前人的研究，本书拟选择 2002～2018 年我国 30 个省区市的旅游收入（国内旅游收入和国外旅游外汇收入）、旅游吸引力（国内旅游人数和入境旅游人数）、旅游结构性发展（旅游收入占 GDP 比例和旅游收入占第三产业比例）以及旅游发展潜力（旅游总收入增长率和旅游总人数增长率）4 个方面的 8 个指标来衡量旅游经济发展（见表 5 - 1）。

表 5 - 1 旅游经济发展的指标选取及数据来源

影响因素	指标	数据来源
旅游收入	国内旅游收入	中国旅游数据库
	国外旅游外汇收入	中国旅游数据库
旅游吸引力	国内旅游人数	中国旅游数据库
	入境旅游人数	中国旅游数据库
旅游结构性发展	旅游收入占 GDP 比例	中国区域数据库
	旅游收入占第三产业比例	中国区域数据库
旅游发展潜力	旅游总收入增长率	中国旅游数据库
	旅游总人数增长率	中国旅游数据库

旅游收入主要反映了旅游活动所带来的直接经济收益。该因素包括国内旅游收入和国外旅游外汇收入，前者主要测量某一地区国内游客所做出的贡献率，而后者主要测量国外游客所做出的贡献率。该指标 2002～2018 年的数据从中国旅游数据库获得。为了使单位统一，本书获取了每

年的美元兑人民币汇率，将国外旅游外汇收入从美元转换成人民币进行计算。

旅游人数反映了当地对于旅游者的吸引力。该因素包括国内旅游人数和入境旅游人数两个指标，其中前者侧重于对国内游客的吸引力而后者侧重于对入境游客的吸引力。旅游人数也体现了当地旅游资源的丰富程度、旅游设施的完善程度以及旅游服务的便利程度，因而也是一个与旅游经济发展密切相关的重要指标。本书从中国旅游数据库获得了2002～2018年相应的指标数据。

旅游结构性发展体现了当地旅游产业在当地国民经济核算单元中的重要性，包括旅游收入占GDP比例以及旅游收入占第三产业比例两个指标。其中，旅游产业在国民经济系统上占据优势地位的省份往往有着良好的旅游配套设施以及未来的发展潜力，因而该因素会对当地经济发展产生非常大的影响。本书从中国区域数据库获得了2002～2018年相应的指标数据。

旅游发展潜力指的是旅游在未来一段时间内经济的竞争力和对旅游者的吸引力，该因素包括旅游总收入增长率和旅游总人数增长率。它体现了一个地区的旅游开发、旅游规划以及旅游产业布局方面的特征。更重要的是，这些特征会极大地促进当地旅游经济的发展，因此，本书将该因素纳入旅游经济发展的测量中。本书从中国旅游数据库获得了2002～2018年相应的指标数据。

本书所选取的变量描述性统计结果如表5-2所示。从表5-2可以看出，我国旅游收入占GDP比例的均值为10%，说明我国的旅游行业占比相对较低，此外最大值为46%并且最小值为2%，说明我国旅游行业发展非常不均衡。旅游总收入增长率的均值为17%，说明处于一个一般水平的增长过程中，并且最大值为115.4%，最小值为-88%，再次说明我国旅游行业的发展是非常不均衡的。旅游总人数增长率呈现类似的趋势。

表 5 - 2   我国旅游经济发展的变量描述性统计

名称	变量符号	观察值	均值	最小值	最大值	标准差
国内旅游收入	ln*DOMECO*	510	15.98	6.98	18.67	1.46
国外旅游外汇收入	ln*FORECO*	510	10.92	4.43	14.53	1.75
国内旅游人数	ln*DOMPEO*	510	9.14	5.58	11.36	1.17
入境旅游人数	ln*FORPEO*	510	4.78	-1.19	9.26	1.54
旅游收入占 GDP 比例	*TOUGDP*	510	0.10	0.02	0.46	0.05
旅游收入占第三产业比例	*TOUTHREE*	510	0.23	0.05	1	0.10
旅游总收入增长率	*INPEO*	510	0.17	-0.88	1.154	0.53
旅游总人数增长率	*INECO*	510	0.18	-0.31	1.25	0.15

二　评价方法

根据杨洁和李慧琳（2018）的研究方法，本书拟采用多指标综合评价法分别对我国 30 个省区市的旅游经济发展进行测度与评价。该方法的优势在于通过将某个对象的多个指标信息构建成一个综合指标，实现对研究对象的整体评价，并且方便评价指标体系中数据的横纵向比较。

在对指标进行综合评价之前，本书首先采用最大最小值法获得相关指标的标准差。其次，计算各个指标的权重。本书采用变异系数法计算各个指标的权重。该方法的基本原理是，指标的变异程度越大，则表明该指标对数据综合评价的影响就越大。变异系数法是一种客观的而非主观的评价方法，对于提高结果的准确性和可靠性是非常有帮助的。其计算公式如下所示：

$$V_i = \frac{S_i}{\overline{\alpha}_i}, i = 1, 2, \cdots, n$$

其中，$\overline{\alpha}_i$ 表示第 i 个指标的标准化数据的平均值，其计算公式为 $\overline{\alpha}_i = \frac{1}{m} \sum_{j=1}^{m} \alpha_{ij}$。$S_i$ 指的是第 i 个指标的标准化数据的标准差，其计算公式为

$$\sqrt{\frac{1}{m}\sum_{j=1}^{m}(\alpha_{ij} - \overline{\alpha}_i)^2}$$。由此可得，第 i 个指标的变异权重 w_i 为：

$$w_i = \frac{V_i}{\sum_{i=1}^{n} V_i}$$

最后，本书采用线性加权法对旅游经济发展进行构建，其计算公式为：

$$ECO_i = \sum_{i=1}^{n} w_i \times \alpha_{it}, i = 1,2,\cdots,n; t = 1,2,\cdots,n$$

三　测度结果

本章测度的我国 30 个省区市的旅游经济发展如表 5 - 3 所示。从表 5 - 3 可以看出，我国各省区市的旅游经济发展存在一定的差异，2002 ~ 2018 年均值的最大值为贵州的 0.638，最小值为宁夏的 0.115。此外，每一年份的差异也比较大，旅游经济发展均值的最大值为 2015 年的 0.548，最小值为 2016 年的 0.212。2002 ~ 2018 年我国及东部、中部、西部的旅游经济发展变化趋势如图 5 - 2 所示。

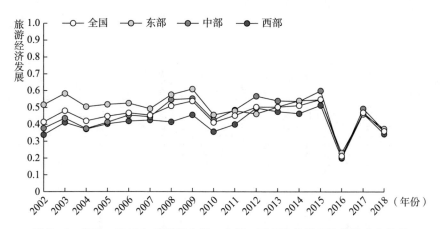

图 5 - 2　2002 ~ 2018 年我国及东部、中部、西部的旅游经济发展变化趋势

表 5-3　2002~2018 年我国 30 个省区市的旅游经济发展

省区市	2002年	2003年	2004年	2005年	2006年	2007年	2008年	2009年	2010年	2011年	2012年	2013年	2014年	2015年	2016年	2017年	2018年	均值
北京	0.632	0.664	0.758	0.626	0.676	0.607	0.686	0.751	0.463	0.534	0.463	0.551	0.559	0.588	0.182	0.469	0.369	0.563
天津	0.559	0.719	0.521	0.530	0.526	0.454	0.654	0.559	0.381	0.595	0.402	0.430	0.490	0.500	0.144	0.412	0.319	0.482
河北	0.335	0.248	0.515	0.347	0.354	0.274	0.283	0.426	0.322	0.377	0.478	0.449	0.484	0.549	0.719	0.438	0.583	0.422
山西	0.420	0.284	0.545	0.513	0.548	0.519	0.592	0.595	0.404	0.454	0.681	0.630	0.626	0.677	0.234	0.558	0.382	0.510
内蒙古	0.409	0.408	0.410	0.529	0.403	0.455	0.425	0.440	0.270	0.303	0.372	0.418	0.454	0.502	0.169	0.470	0.345	0.399
辽宁	0.599	0.546	0.435	0.556	0.610	0.645	0.763	0.777	0.512	0.559	0.539	0.625	0.640	0.456	0.199	0.447	0.361	0.545
吉林	0.362	0.503	0.259	0.349	0.353	0.319	0.485	0.473	0.333	0.366	0.446	0.485	0.517	0.593	0.205	0.503	0.378	0.407
黑龙江	0.332	0.535	0.262	0.311	0.395	0.396	0.569	0.501	0.512	0.430	0.475	0.421	0.299	0.426	0.132	0.318	0.262	0.387
上海	0.629	0.725	0.561	0.560	0.592	0.511	0.603	0.674	0.762	0.472	0.449	0.446	0.492	0.508	0.173	0.441	0.343	0.526
江苏	0.576	0.721	0.537	0.603	0.604	0.576	0.665	0.688	0.498	0.513	0.498	0.514	0.556	0.574	0.187	0.479	0.370	0.539
浙江	0.484	0.619	0.493	0.560	0.562	0.499	0.576	0.646	0.477	0.524	0.526	0.583	0.620	0.664	0.212	0.523	0.390	0.527
安徽	0.366	0.376	0.341	0.307	0.458	0.536	0.584	0.562	0.430	0.682	0.755	0.603	0.625	0.709	0.236	0.570	0.413	0.503
福建	0.488	0.500	0.469	0.556	0.517	0.506	0.519	0.551	0.407	0.431	0.448	0.522	0.551	0.573	0.211	0.511	0.365	0.478
江西	0.360	0.507	0.321	0.504	0.441	0.391	0.535	0.517	0.336	0.520	0.549	0.578	0.633	0.710	0.261	0.597	0.441	0.482
山东	0.474	0.463	0.441	0.504	0.485	0.500	0.581	0.601	0.440	0.464	0.496	0.503	0.530	0.570	0.184	0.482	0.377	0.476
河南	0.393	0.334	0.609	0.540	0.559	0.576	0.606	0.659	0.398	0.471	0.500	0.513	0.513	0.548	0.170	0.433	0.319	0.479
湖北	0.408	0.405	0.350	0.380	0.384	0.381	0.476	0.558	0.547	0.515	0.629	0.577	0.583	0.592	0.198	0.494	0.370	0.461
湖南	0.374	0.548	0.310	0.398	0.493	0.442	0.523	0.563	0.444	0.449	0.502	0.512	0.496	0.539	0.195	0.471	0.348	0.447
广东	0.518	0.624	0.461	0.481	0.443	0.433	0.536	0.612	0.456	0.478	0.480	0.551	0.589	0.630	0.205	0.523	0.396	0.495

续表

省区市	2002年	2003年	2004年	2005年	2006年	2007年	2008年	2009年	2010年	2011年	2012年	2013年	2014年	2015年	2016年	2017年	2018年	均值
广西	0.394	0.467	0.360	0.429	0.404	0.381	0.486	0.530	0.450	0.489	0.564	0.577	0.613	0.676	0.242	0.560	0.415	0.473
海南	0.381	0.585	0.354	0.380	0.402	0.408	0.475	0.421	0.301	0.343	0.301	0.363	0.438	0.389	0.121	0.341	0.250	0.368
重庆	0.479	0.487	0.392	0.413	0.411	0.470	0.595	0.559	0.465	0.525	0.620	0.408	0.467	0.469	0.150	0.409	0.291	0.448
四川	0.463	0.618	0.491	0.533	0.632	0.533	0.407	0.640	0.467	0.536	0.657	0.560	0.615	0.690	0.236	0.563	0.434	0.534
贵州	0.355	0.460	0.433	0.647	0.772	0.684	0.792	0.748	0.581	0.648	0.738	0.761	0.768	0.643	0.425	0.769	0.618	0.638
云南	0.471	0.681	0.435	0.510	0.525	0.500	0.560	0.663	0.451	0.509	0.628	0.651	0.674	0.750	0.317	0.704	0.546	0.563
陕西	0.371	0.410	0.625	0.446	0.463	0.429	0.546	0.571	0.440	0.498	0.608	0.608	0.589	0.646	0.233	0.556	0.413	0.497
甘肃	0.297	0.172	0.329	0.242	0.268	0.468	0.239	0.331	0.214	0.315	0.520	0.420	0.376	0.400	0.131	0.340	0.234	0.311
青海	0.131	0.254	0.169	0.253	0.280	0.275	0.099	0.212	0.074	0.146	0.232	0.228	0.233	0.250	0.079	0.215	0.142	0.192
宁夏	0.065	0.140	0.184	0.126	0.190	0.117	0.154	0.126	0.052	0.061	0.101	0.258	0.057	0.099	0.040	0.119	0.070	0.115
新疆	0.282	0.420	0.256	0.303	0.262	0.361	0.262	0.195	0.461	0.362	0.429	0.336	0.264	0.522	0.157	0.391	0.271	0.326
均值	0.414	0.481	0.421	0.448	0.467	0.455	0.509	0.538	0.412	0.452	0.503	0.503	0.512	0.548	0.212	0.470	0.361	

第三节　模型介绍

向量自回归（Vector Autoregression，VAR）模型是 Sims（1980）所提出的一种分析某一冲击事件对行动结果如何产生初始以及后续影响的方法，主要原理是预测系统内部变量的时间序列关系以及探讨系统与随机干扰项之间的关系。一般来说，VAR 模型会将系统内的所有变量转变成内生变量的滞后项并添加到函数中进行分析，是一种非结构性的变量关系模型。随着进一步研究的需要，Holtz-Eakin（1988）提出了面板向量自回归（Panel Vector Autoregression，PVAR）模型。PVAR 模型与 VAR 模型具有相似的性质，即将系统中所有的变量都定义为内生变量，并且把每一个变量转换成内生变量的滞后项添加到函数中进行分析。通过对正交化的脉冲响应函数进行分析，模型可以检验出每个内生变量的冲击对其他变量造成冲击的大小。PVAR 模型的优势主要体现在：第一，通过将所有变量转换成内生变量，以及区分内生变量和外生变量之间的关系，PVAR 模型降低了传统经济学模型中联立方程所设定的严格要求；第二，通过引入个体固定效应和时间固定效应，描述了不同截面和个体受到冲击之后的不同反应，体现了面板数据的优势；第三，通过采用广义矩估计 GMM 的方法，PVAR 模型降低了对数据样本正态分布的要求，具有较强的无偏性和有效性。

PVAR 模型的表达式通常如下所示：

$$y_{i,t} = \alpha_i + \beta_0 + \sum_{j=1}^{p} \beta_j' y_{i,t-j} + v_i + \varepsilon_{i,t}, i = 1,2,\cdots,N; t = 1,2,\cdots,N$$

其中，i 和 t 分别代表个体和时间。$y_{i,t}$ 代表包含内生变量的向量。α_i 代表反映个体异质性的固定效应。v_i 指的是时间固定效应，可以观测到同一变量在不同时间截面所受到的冲击。$\varepsilon_{i,t}$ 是服从正态分布的随机干扰项。

PVAR 模型在检验之前通常需要进行单位根检验，常用的方法包括与第四章检验单位根一致的方法，如 LLC 和 PP-Fisher。PVAR 模型滞后阶数的选择有不同的方法，包括使用信息准则、检验最后一阶系数的显著性，以及检验 VAR 模型的残差是否为白噪声序列。其中，信息准则有 AIC、BIC 等方法，其表达式分别为 $AIC = -\dfrac{2l}{T} + \dfrac{2n}{T}$ 和 $BIC = -\dfrac{2l}{T} + \dfrac{n\ln T}{T}$。其中，$n = k(d + pk)$，表示待估计参数的总和，$k$ 为内生变量的个数，p 为滞后阶数，d 为外生变量的个数；T 为时间；l 为多维情况下的残差平方和，其表达式为 $l = -\dfrac{Tk}{2}(1 + \ln 2\pi) - \dfrac{T}{2}\ln\left|\widehat{\sum}\right|$，$\left|\widehat{\sum}\right|$ 是 PVAR 模型中残差的协方差估计矩阵。

建立 PVAR 模型的一个主要目的就是根据模型所得到的图形和方程分析的结果对变量之间的关系进行动态解释。其中，常用的函数是脉冲响应函数（Impulse Response Function，IRF）。脉冲响应函数主要用来分析一个内生变量是否会对其他内生变量的误差产生冲击，以此来检验系统中各个内生变量之间的相互关系。这个方法的基本步骤：第一步，采用均值差分法（一般采用 Helmert 转换法，即向前均值差分法）消除 PVAR 模型中的固定效应；第二步，将处理后的 PVAR 模型转换成 VAR 模型并进一步转换成无穷阶向量移动平均（Vector Moving Average，VMA）过程函数进行脉冲响应分析；第三步，分析每个变量一个标准差的冲击对所有内生变量滞后项的影响，通常使用蒙特卡罗方法。然而，脉冲响应函数的一个最大的问题在于，虽然因果关系变得更加清晰了，但是，变量的次序作用变得无法确认。解决这一问题的常用方法包括格兰杰因果检验、交叉相关图等。

PVAR 模型的另一个主要作用是预测，其常用方法是方差分解。因此，方差分解可以预测一个变量的冲击对另一个变量造成的影响强度。PVAR 模型进行方差分解的步骤包括：首先，计算每一个内生变量的预测均方误差；其次，将这些内生变量的均方误差在随机冲击中对其所产生的影响分解出来；最后，计算得到该变量受到所有内生变量冲击后所发生变化的强度大小。因此，方差分解是 PVAR 模型估计过程中一个非常重要的环节。

由于本章重点考察旅游经济发展与旅游生态效率之间的互动影响，因此 PVAR 模型主要包含以上两个变量。在本章中，旅游经济发展记作 $V1$，旅游生态效率记作 $V2$。那么，中国旅游经济发展和旅游生态效率互动影响的 PVAR 模型表达式可以表示为：

$$\begin{pmatrix} V1 \\ V2 \end{pmatrix}_{i,t} = \alpha_i + \beta_0 + \sum_{j=1}^{p} \beta_j' \begin{pmatrix} V1 \\ V2 \end{pmatrix}_{i,t-j} + v_t + \varepsilon_{i,t}$$

其中，α_i 为区域的个体固定效应，v_t 为时间固定效应，$\varepsilon_{i,t}$ 为服从正态分布的随机干扰项。

第四节　实证分析

一　平稳性检验

（一）单位根检验

非平稳的面板数据通常会导致伪回归现象的发生，从而影响估计的有效性和无偏性，为了避免这一现象的发生，本书首先对面板数据进行单位根检验。如前文所述，单位根检验有针对同质性面板数据的 LLC 和 Breintung 方法和针对异质性面板数据的 IPS、ADF-Fisher 和 PP-Fisher 方法。为了使结果更加稳健，本书利用 Stata 17.0 软件拟采取上述的 ADF-Fisher、LLC 和 PP-Fisher 对旅游经济发展和旅游生态效率进行平稳性检验，结果如表 5-4 所示。可以看出，全国的旅游经济发展是平稳的。进一步地，东部和中部的旅游经济发展均是平稳的，西部的旅游经济发展并不是平稳的。为此，本书对西部的旅游经济发展取了一阶滞后项，以此来保证旅游经济发展是平稳的。此外，可以看出，全国的旅游生态效率是平稳的，东部、中部以及西部的旅游生态效率均是平稳的。

表 5 - 4　旅游经济发展和旅游生态效率的平稳性检验

变量	ADF-Fisher		LLC		PP-Fisher		结论
	统计量	显著性	统计量	显著性	统计量	显著性	
旅游经济发展							
全国	- 4.1948	0.0000	- 8.5029	0.0000	- 5.1046	0.0000	平稳
东部	- 6.2676	0.0000	- 3.9974	0.0000	- 2.6540	0.0051	平稳
中部	- 6.1792	0.0000	- 2.7614	0.0000	- 3.707	0.0003	平稳
西部	- 1.8528	0.0320	- 0.6126	0.2701	- 5.0565	0.0000	非平稳
旅游生态效率							
全国	- 11.2259	0.0000	- 8.3394	0.0000	- 16.747	0.0000	平稳
东部	- 10.5526	0.0000	- 7.1695	0.0000	- 9.8705	0.0000	平稳
中部	- 3.4269	0.0003	- 3.8578	0.0001	- 11.280	0.0000	平稳
西部	- 3.5806	0.0002	- 3.3421	0.0004	- 9.8149	0.0000	平稳

（二）协整检验

进一步地，本书通过协整检验再一次验证旅游经济发展与旅游生态效率之间是否存在长期稳定的关系，以此来避免伪回归现象的出现。本书利用 Westerlund （2007） 开发的四个面板协整测试（Gt、Ga、Pt 和 Pa），其中前两个是基于面板异质性探索协整关系，其原假设是在某一截面上不存在协整关系；后两个是基于面板同质性考察协整关系，其原假设是对于所有截面均不存在协整关系。由表 5 - 5 可见，在全国范围内，Gt、Pt 和 Pa 的显著性均小于 0.05，Ga 的显著性大于 0.05，但是 Westerlund （2007） 认为一组中有一个值不显著是可以接受的。因此，本书认为全国范围内旅游经济发展和旅游生态效率之间存在长期稳定的关系。此外，东部地区的四项指标中 Gt 和 Pa 的显著性均小于 0.05，可以认为该地区的旅游经济发展和旅游生态效率的协整性基本上较好；中部和西部地区的四项指标中 Gt、Pt 和 Pa 的显著性均小于 0.05，可以认为这两个地区的旅游经济发展和旅游生态效率的协整性较好。

表 5－5　旅游经济发展和旅游生态效率的协整检验

地区	统计量	特征值	z 值	p 值
全国	Gt	－ 4. 267	－ 17. 325	0. 000
	Ga	－ 3. 632	0. 205	0. 581
	Pt	－ 4. 905	－ 1. 807	0. 035
	Pa	－ 2. 386	－ 2. 571	0. 005
东部	Gt	－ 6. 965	－ 19. 092	0. 000
	Ga	－ 4. 803	0. 73	0. 233
	Pt	－ 2. 374	0. 583	0. 28
	Pa	－ 2. 627	1. 833	0. 033
中部	Gt	－ 1. 931	－ 2. 596	0. 005
	Ga	－ 6. 143	－ 1. 456	0. 073
	Pt	－ 5. 489	－ 3. 465	0. 000
	Pa	－ 6. 151	－ 5. 006	0. 000
西部	Gt	－ 2. 98	－ 6. 387	0. 000
	Ga	－ 1. 071	1. 991	0. 977
	Pt	－ 7. 789	－ 5. 223	0. 000
	Pa	－ 8. 586	－ 8. 66	0. 000

二　滞后阶数选取

为了更好地估计旅游经济发展与旅游生态效率互动影响的 PVAR 模型，本书利用 AIC、BIC 和 HQIC 方法来判别模型最优的滞后阶数。一般来说，三种判别方法的值越小，说明模型越精简，对应的也是最优的滞后阶数。根据表 5－6 的结果可以看出，在全国范围内，滞后阶数 3 为旅游经济发展和旅游生态效率互动模型中最优的选择。因此，在全国范围内，选用 3 阶滞后项的 PVAR 模型最为合适。与之类似，在东部地区，各个指标显示用 3 阶滞后项最为合适。然而，与之不同的是，在中部地区和西部地区，各个指标显示用 1 阶滞后项最为合适。因此，本章在研究全国范围内和东部地区的旅游经济发展与旅游生态效率关系时使用 3 阶滞后项，在研究中部地区和西部地区的旅游经济发展与旅游生态效率关系时使用 1 阶滞后项。

表 5-6　PVAR 模型的滞后阶数检验指标

地区	滞后阶数	AIC	BIC	HQIC
全国	1	-1.44605	-0.861627	-1.21571
	2	-1.51739	-0.863258	-1.25885
	3	-1.60448*	-0.872269*	-1.31423*
	4	-1.58897	-0.768572	-1.26276
东部	1	-1.57218	-1.08276	-1.37351
	2	-1.78139	-1.18978	-1.54108
	3	-2.00593*	-1.30148*	-1.71968*
	4	-2.00103	-1.17113	-1.6638
中部	1	-0.965277*	-0.500695*	-0.776608*
	2	-0.80659	-0.22405	-0.57024
	3	-0.85191	-0.13996	-0.56348
	4	-0.83238	0.022404	-0.48686
西部	1	-1.87842*	-1.389*	-1.67974*
	2	-1.72342	-0.6149	-1.4831
	3	-1.83916	-0.68762	-1.55291
	4	-1.80022	-0.43332	-1.46299

注：＊表示最优的滞后阶数。

三　PVAR 模型估计

为了消除样本中的固定效应，本书利用 Helmert 对数据进行了转换，即通过将数据向前进行均值差分消除每个变量每一期未来观察值的均值，从而实现变量与滞后项之间的正交，使得误差项对模型的影响不再存在。之后，本书利用 PVAR 模型的 GMM 对于旅游经济发展和旅游生态效率

进行估计，结果如表5-7所示。其中，列（1）~（2）展示了全国范围
内旅游经济发展与旅游生态效率互动影响的1~3阶滞后模型。从列
（1）可以看出，旅游经济发展对自身1阶滞后项和旅游生态效率1阶滞
后项的影响均不显著，而旅游生态效率对旅游经济发展1阶滞后项和自
身1阶滞后项的影响均显著。列（2）显示，旅游经济发展对自身3阶滞
后项的影响显著而对旅游生态效率的影响并不显著，旅游生态效率对旅
游经济发展1阶滞后项和自身1阶滞后项的影响均显著。在东部地区，
可以看出，旅游经济发展对自身以及旅游生态效率的影响均不显著，但
旅游生态效率对旅游经济发展1阶滞后项的影响显著。在中部地区，旅
游经济发展对自身以及旅游生态效率的影响均不显著，但旅游生态效率
对旅游经济发展1阶滞后项的影响显著。在西部地区，旅游经济发展对
自身以及旅游生态效率的影响均不显著，但旅游生态效率对旅游经济发
展1阶滞后项的影响显著。

表5-7　我国旅游经济发展与旅游生态效率的互动影响结果

变量	全国		东部		中部		西部	
	（1）	（2）	（3）	（4）	（5）	（6）	（7）	（8）
h_h_ECO								
L. *h_h_ECO*	0.112 (1.78)	0.119 (1.68)	0.154 (1.38)	0.190 (1.53)	0.154 (1.38)	0.190 (1.53)	0.154 (1.38)	0.190 (1.53)
L2. *h_h_ECO*		0.0165 (0.34)		0.0237 (0.30)		0.0237 (0.30)		0.0237 (0.30)
L3. *h_h_ECO*		0.143** (2.77)		0.0677 (0.88)		0.0677 (0.88)		0.0677 (0.88)
L. *h_h_TEE*	0.0148 (0.69)	0.0114 (0.48)	−0.0505 (−1.82)	−0.0391 (−1.29)	−0.0505 (−1.82)	−0.0391 (−1.29)	−0.0505 (−1.82)	−0.0391 (−1.29)
L2. *h_h_TEE*		0.0164 (0.71)		−0.0136 (−0.33)		−0.0136 (−0.33)		−0.0136 (−0.33)
L3. *h_h_TEE*		0.0176 (0.91)		0.0290 (0.86)		0.0290 (0.86)		0.0290 (0.86)

变量	全国		东部		中部		西部	
	(1)	(2)	(3)	(4)	(5)	(6)	(7)	(8)
				h_h_TEE				
L. *h_h_ECO*	0.183**	0.133*	0.276**	0.245**	0.276**	0.245**	0.276**	0.245**
	(2.77)	(2.10)	(2.67)	(2.62)	(2.67)	(2.62)	(2.67)	(2.62)
L2. *h_h_ECO*		0.0974		-0.0565		-0.0565		-0.0565
		(1.18)		(-0.44)		(-0.44)		(-0.44)
L3. *h_h_ECO*		-0.152		0.240		0.240		0.240
		(-1.19)		(1.19)		(1.19)		(1.19)
L. *h_h_TEE*	-0.253**	-0.270*	-0.193	-0.143	-0.193	-0.143	-0.193	-0.143
	(-2.88)	(-2.57)	(-1.35)	(-1.20)	(-1.35)	(-1.20)	(-1.35)	(-1.20)
L2. *h_h_TEE*		-0.0099		-0.0564		-0.0564		-0.0564
		(-0.16)		(-0.77)		(-0.77)		(-0.77)
L3. *h_h_TEE*		0.0313		-0.0793		-0.0793		-0.0793
		(0.43)		(-1.24)		(-1.24)		(-1.24)
N	420	360	154	132	154	132	154	132

注：括号内为 z 值；** 和 * 分别表示在 5% 和 10% 的水平下显著；*ECO* 表示旅游经济发展，*TEE* 表示旅游生态效率；h–h 表示利用 Helmert 对数据进行了转换。

四 脉冲响应分析

上一节主要利用 PVAR 模型估计检验了旅游经济发展与旅游生态效率之间的关系，然而该模型包含太多的参数，使得其经济学意义很难解释。为此，本书遵照先前的研究，将重点就脉冲响应函数展开探讨。脉冲响应分析最大的优势在于，可以直观地反映各个变量之间相互作用的动态关系。本书利用 Stata 17.0 软件中的 pvar2 程序包对旅游经济发展与旅游生态效率进行了脉冲响应分析。具体来说，本书采用蒙特卡罗方法模拟了 200 次并且选择每个变量的 10 期动态进行绘图，如图 5-3 至图 5-6 所示。其中，横轴是冲击的动态响应期数，纵轴是冲击对变量的影响程度。实线表示冲击对变量的影响，上下的灰色区域表示 90% 的置信区间。其解释方法为（以图 5-3 第一个子图为例），旅游生态效率受到旅游生态效率一个正交化的冲击后的动态变化。在一组图中，纵向表示不同变量受到同一变量冲击之后的变化，而横向是同一变量受到不同变量冲击之后的变化。其中，图5-3展示了全国范围内的旅游经济发展与旅游生态效率的动态互动关系，滞后阶数为3。图5-4展示了我国东部地区的旅游经济发展与旅游生态效率的动态互动关系，滞后阶数为3。图5-5展示了我国中部地区的旅游经济发展与旅游生态效率的动态互动关系，滞后阶数为1。图5-6展示了我国西部地区的旅游经济发展与旅游生态效率的动态互动关系，滞后阶数为1。

首先，从图5-3第一行的右图可以看出，在全国范围内，面对旅游经济发展的一个正交化的冲击，旅游生态效率在第1期受到正向的影响，逐渐上升，第3期达到峰值，随后在第4期快速下降到0左右，并且在后续期数收敛于0。这一过程表示旅游经济发展在前期对旅游生态效率产生显著的影响，但随着时间的推移，旅游经济发展对旅游生态效率的影响不再显著。事实上，旅游经济发展对旅游生态效率最大的作用在于完善旅游基础设施和扩大旅游消费市场，从而提高经济效益，但这个作用在初期是明显的，随着旅游经济发展到达一定程度以后，旅游基础设施和旅游消费市场对于旅游生态效率的刺激作用逐渐降低，让位于以技术水平提高所带来的影响。正如王兆峰和刘庆芳（2019a）所述，在上海等发达地区，旅游经济发展对于旅游生态效率的提高是非常有限的。其次，从图5-3第二行的左图可以看出，旅游经济效率对旅游经济发展有一个先提高后降低再提高的作用。面对旅游生态效率的一个正交化的冲击，旅游经济发展从一个负值逐步提高，在第1期达到一个峰值，随后在第3期跌到谷底，随后逐渐上升并趋于平稳。该图表示，旅游生态效率对旅游经济发展有一个波动影响，前期旅游生态效率的提高改善了一个地区的人地和谐关系与提升了可持续发展程度，促进了经济的良性发展，随后由于绿色投入增加而导致的成本提高使得经济发展受阻，处于一个下行状态，但随后由于增加投入带来了收益，经济发展趋于平稳。

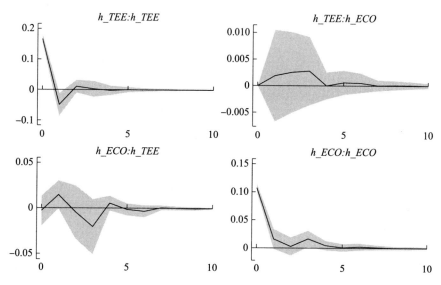

图 5 - 3   全国范围内的旅游经济发展与旅游生态效率的脉冲响应

图 5 - 4 展示了我国东部地区的旅游经济发展与旅游生态效率的动态互动关系。从第一行的右图可以看出，旅游经济发展对旅游生态效率有一个先抑制后促进的作用，即从第 1 期旅游生态效率开始下降，随后逐步上升，在第 3 期达到第一个峰值后逐步下降趋于平稳。旅游经济发展对旅游生态效率造成负面影响的一个原因可能是，东部地区的旅游经济发展促进了大量游客的涌入，但缺乏行之有效的绿色管理和节能措施，使得旅游生态效率降低。随着旅游经济发展对游客的吸引力减弱，旅游生态效率得以恢复。第二行的左图显示，东部地区的旅游生态效率会对旅游经济发展产生一个 M 形的影响，即先提升后下降，再次提升再次下降，之后趋于平稳。可以看出，旅游生态效率改善了人地关系，以此促进了地区经济更强的增长势头，随后造成成本增加经济受阻，但从中期这种抑制作用消失。

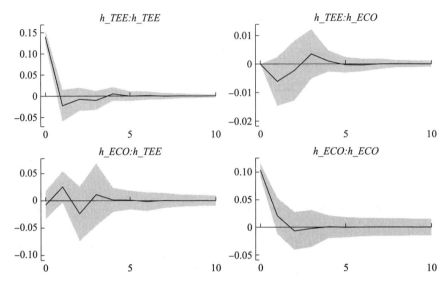

图 5 - 4　我国东部地区的旅游经济发展与旅游生态效率的脉冲响应

　　图 5 - 5 展示了我国中部地区的旅游经济发展与旅游生态效率的动态互动关系。从第一行的右图可以看出，旅游经济发展对旅游生态效率有一个先促进后抑制的作用，即从第 1 期旅游生态效率开始上升并达到一个峰值，之后逐步下降至第 2 期，并于第 4 期波动上升至平稳阶段。这可能是因为初期中部地区的经济投入促进了当地旅游基础设施的完善和旅游消费市场的扩大，从而促进了旅游生态效率的提升。但之后该冲击开始降低并让位于科技进步。第二行的左图显示，中部地区的旅游生态效率会对旅游经济发展产生一个先下降后略微上升的影响，即从第 1 期旅游经济发展下降随后略微上升并趋于平稳。可以看出，旅游生态效率改善了人地关系，以此促进了地区经济更强的增长势头，随后造成成本增加经济受阻，但从中期这种抑制作用消失，此效果类似于东部地区。

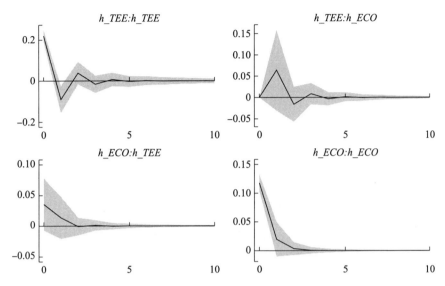

图 5 - 5　我国中部地区的旅游经济发展与旅游生态效率的脉冲响应

图 5 - 6 展示了我国西部地区的旅游经济发展与旅游生态效率的动态互动关系。从第一行的右图可以看出，旅游经济发展对旅游生态效率有一个先促进后抑制的作用，即从第 1 期旅游生态效率开始上升并达到一个峰值，随后逐步下降，在第 2 期及之后趋于平稳，西部地区的经济投入促进了当地旅游基础设施的完善和旅游消费市场的扩大，但此效应非常短暂。对于西部地区来说，要想长期提高旅游生态效率，促进旅游经济发展并非良策。第二行的左图显示，西部地区的旅游生态效率会对旅游经济发展产生一个先升后降的影响，也持续非常短暂。换句话说，西部地区的旅游生态效率对旅游经济可持续发展的贡献是微弱的。

五　方差分解分析

通过方差分解分析，PVAR 模型可以探讨一个变量对另一个变量影响的贡献值。因此，本书将通过方差分解来探讨旅游经济发展与旅游生态效率的互动影响。同先前一样，本书探讨了全国范围内、东部地区、

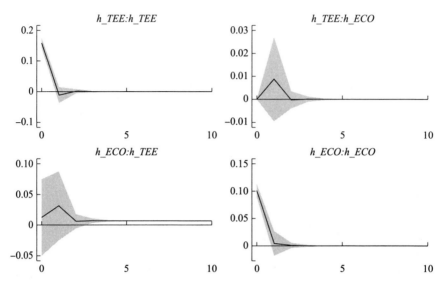

图 5 - 6　我国西部地区的旅游经济发展与旅游生态效率的脉冲响应

中部地区以及西部地区的旅游经济发展与旅游生态效率互动影响的贡献值，如表 5 - 8 所示。从表中列（2）可以看出，在全国范围内，旅游经济发展对旅游生态效率的最高贡献值为 0.0015，意味着旅游经济发展对旅游生态效率的贡献值偏低。从地区层面来看，旅游经济发展对旅游生态效率的最高贡献值从大到小依次为西部地区的 0.0084、中部地区的 0.0081 以及东部地区的 0.0050。换句话说，西部地区的旅游经济发展对旅游生态效率的影响大于中部地区和东部地区。这可能是因为东部和中部地区拥有较为雄厚的经济基础，其自身处于一个较高的水平，对于旅游生态效率的影响处于一个边际效益非常小的情况，其旅游生态效率的提高更多地依赖技术的进步和新的管理技术的引入。相反，西部地区的经济发展水平较为落后，其旅游生态效率的提高则与旅游经济发展之间的联系更为紧密，正如前文的脉冲响应分析所示，旅游经济发展对旅游生态效率的前期影响更大。

表 5 - 8　旅游经济发展和旅游生态效率的方差分解

变量	滞后阶数	全国		东部		中部		西部	
		（1）	（2）	（3）	（4）	（5）	（6）	（7）	（8）
		$V1$	$V2$	$V1$	$V2$	$V1$	$V2$	$V1$	$V2$
旅游经济 发展 $V1$	1	1	0	1	0	1	0	1	0
	2	0.9997	0.0003	0.9967	0.0033	0.9941	0.0059	0.9977	0.0023
	3	0.9992	0.0008	0.9962	0.0038	0.9924	0.0076	0.9932	0.0068
	4	0.9985	0.0015	0.9951	0.0049	0.9929	0.0071	0.9920	0.0080
	5	0.9985	0.0015	0.9950	0.0050	0.9921	0.0079	0.9919	0.0081
	6	0.9985	0.0015	0.9950	0.0050	0.9919	0.0081	0.9917	0.0083
	7	0.9985	0.0015	0.9950	0.0050	0.9920	0.0080	0.9916	0.0084
	8	0.9985	0.0015	0.9950	0.0050	0.9919	0.0081	0.9916	0.0084
	9	0.9985	0.0015	0.9950	0.0050	0.9919	0.0081	0.9916	0.0084
	10	0.9985	0.0015	0.9950	0.0050	0.9919	0.0081	0.9916	0.0084
旅游生态 效率 $V2$	1	0.0003	0.9997	0.0030	0.9970	0.0031	0.9969	0.0007	0.9993
	2	0.0074	0.9926	0.0346	0.9654	0.0081	0.9919	0.0010	0.9990
	3	0.0080	0.9920	0.0602	0.9398	0.0124	0.9876	0.0050	0.9950
	4	0.0214	0.9786	0.0654	0.9346	0.1235	0.8765	0.0049	0.9951
	5	0.0223	0.9777	0.0654	0.9346	0.1376	0.8624	0.0049	0.9951
	6	0.0224	0.9776	0.0655	0.9345	0.1392	0.8608	0.0051	0.9949
	7	0.0227	0.9773	0.0657	0.9343	0.1465	0.8535	0.0051	0.9949
	8	0.0227	0.9773	0.0657	0.9343	0.1477	0.8523	0.0051	0.9949
	9	0.0227	0.9773	0.0657	0.9343	0.1482	0.8518	0.0051	0.9949
	10	0.0228	0.9772	0.0657	0.9343	0.1486	0.8514	0.0051	0.9949

　　此外，从表中列（1）可以看出，在全国范围内，旅游生态效率对旅游经济发展的最高贡献值为 0.0228，是相对偏低的。从地区层面来看，旅游生态效率对旅游经济发展的最高贡献值从大到小依次为中部地区的 0.1486、东部地区的 0.0657 和西部地区的 0.0051。总的来说，中部地区的旅游生态效率对旅游经济发展的影响高于东部地区和西部地区。事实上，旅游生态效率的主要作用在于改善人地关系，从可持续发展的

角度提高当地的旅游经济收入。然而，旅游生态效率的提高也意味着当地需要投入更多的资金用于技术开发，而这会限制经济的进一步发展。由于西部地区本身旅游经济发展较慢并且技术有限，因而，旅游生态效率的提高对当地的旅游经济发展意义并不是非常大，反而不利于经济的发展，更应该着力于完善当地的旅游基础设施和扩大旅游消费市场。相反，对于中东部地区，持续提高旅游生态效率对旅游经济发展更为有利。

第五节　本章小结

本章通过利用 PVAR 模型对我国及东部、中部和西部不同区域的旅游经济发展与旅游生态效率之间的动态关系进行了分析，其主要过程和结论如下。

第一，对旅游生态效率及旅游经济发展的互动机理进行分析，旅游经济发展会带来资本投入、产业结构优化和技术创新，从而提高旅游生态效率，也可能会因为过度开发而降低旅游生态效率。旅游生态效率会因为旅游目的地环境改善和可持续发展而促进旅游经济发展，也可能会因为过度保护、限制开发而抑制旅游经济发展。

第二，对旅游经济发展进行指标测度，选取旅游收入、旅游吸引力、旅游结构性发展以及旅游发展潜力 4 个方面的 8 个指标来衡量旅游经济发展，并且分别从中国旅游数据库、中国区域数据库获得相应的数据。此外，通过变异系数法获取权重，测度旅游经济发展。

第三，本书通过 PVAR 模型估计了旅游经济发展和旅游生态效率之间的关系。单位根检验和协整检验的结果显示，我国各个地区的旅游经济发展和旅游生态效率是相对平稳的，并且存在长期协整关系。本章利用 AIC、BIC 和 HQIC 方法判别了各个模型的最优滞后阶数。结果显示，全国范围和东部地区 3 阶滞后项最优，中部地区和西部地区 1 阶滞后项最优。本章利用 PVAR 模型对旅游经济发展和旅游生态效率的相互关系进行估计，结果发现以下方面。其一，旅游经济发展对自身 1 阶滞后项和旅游生态效率 1 阶滞后项的影响均不显著，而旅游生态效率对旅游经济发展 1 阶滞后项和自身 1 阶滞后项的影响均显著。其二，旅游经济发展对自身 3 阶滞后项的影响显著而对旅游生态效率的影响并不显著，旅游生态效率对旅游经济发展 1 阶滞后项和自身 1 阶滞后项的影响均显著。其三，分地区来看，在东部地区，旅游经济发展对自身以及旅游生态效率的影响均不显著，但旅游生态效率对旅游经济发展 1 阶滞后项的影响显著。在中部地区，旅游经济发展对自身以及旅游生态效率的影响均不显著，但旅游生态效率对旅游经济发展 1 阶滞后项的影响显著。在西部地区，旅游经济发展对自身以及旅游生态效率的影响均不显著，但旅游生态效率对旅游经济发展 1 阶滞后项的影响显著。

第四，利用脉冲响应函数分析了旅游经济发展和旅游生态效率的动态互动关系。结果显示，在全国范围内，旅游经济发展在前期对旅游生态效率产生显著的影响，但随着时间的推移，旅游经济发展对旅游生态效率的影响不再显著。在东部地区，旅游经济发展对旅游生态效率有一个先抑制后促进并且随后逐渐趋于平稳的作用。在中部地区，旅游经济发展对旅游生态效率有一个先促进后抑制随后提升并逐渐趋于平稳的作用。在西部地区，旅游经济发展对旅游生态效率有一个先促进后抑制随后趋于平稳的作用。

第五，利用方差分解方法探索了旅游经济发展和旅游生态效率互动影响的贡献值。结果显示，旅游经济发展对旅游生态效率的最高贡献值在全国范围内偏低，在地区层面从大到小依次为西部地区、中部地区以及东部地区；旅游生态效率对旅游经济发展的最高贡献值在全国范围内也是较低的，在地区层面从大到小依次为中部地区、东部地区和西部地区。

第六章 结论、对策与展望

第一节 结论

本书基于可持续发展理论、区域经济增长理论、旅游系统理论及环境库兹涅茨曲线，立足于旅游生态效率核心概念，构建我国旅游生态效率的综合评价体系，采用 EBM 模型，对我国 2002～2018 年旅游生态效率进行测量和分析，通过 ML 指数挖掘旅游生态效率的时序演变规律，探究其空间分布和区域变动。在此基础上利用空间计量模型探讨我国旅游生态效率的影响因素，最后还探索旅游生态效率与旅游经济发展之间的互动机理。

第一，对 2002～2018 年我国旅游生态效率进行静态和动态分析。从静态分析来看，2002～2018 年我国的旅游生态效率整体变动幅度并不大，表明我国的旅游生态效率整体处于一个相对平稳的状态。从时序演变特征上来看，我国的旅游生态效率整体处于一个波动上升的态势。2003～2005 年我国的旅游生态效率整体是上升的，之后在 2008～2010 年呈逐步上升态势，然后下降趋于平稳。此外，2004～2018 年，我国旅游生态效率基本大于 1，说明我国的旅游生态效率处于一个上升的态势。从空间分布特征上来看，不同省份的旅游生态效率的变动很大，并且省份之间的空间转变效应不断增强；旅游生态效率的空间溢出范围显著增大，不同区域间旅游经济协同和旅游碳排放的联动效果逐渐提高。从空间轨迹转移上来看，2002～2018年我国旅游生态效率的重心整体呈现从东北向西南地区转移的态势。

第二，本书利用面板OLS、面板空间滞后模型和空间误差模型分析了影响我国旅游生态效率的因素。Moran's I的结果显示，我国各省份的旅游生态效率在空间上存在依赖关系。LM检验的结果显示，我国各省份的旅游生态效率在空间上存在滞后的关系而非误差的关系。基于固定效应的空间滞后模型回归结果显示，某一省份的旅游经济强度、能源消耗、创新能力和城镇化水平可以直接地影响本省份的旅游生态效率，而邻近省份的旅游经济强度、能源消耗和城镇化水平可以间接地影响本省份的旅游生态效率。行业结构、对外开放程度、环境规制、交通通达性、科技水平等并未对旅游生态效率产生显著的影响。

第三，本书对我国旅游经济发展指标进行了构建。通过PVAR模型估计了旅游经济发展和旅游生态效率之间的关系。单位根检验和协整检验的结果显示，我国各个地区的旅游经济发展和旅游生态效率是相对平稳的，并且存在长期协整关系。通过脉冲响应函数分析了旅游经济发展和旅游生态效率的动态互动关系。结果显示，在全国范围内，旅游经济发展在前期对旅游生态效率产生显著的影响，但随着时间的推移，旅游经济发展对旅游生态效率的影响不再显著。本书利用方差分解方法探索了旅游经济发展和旅游生态效率互动影响的贡献值。结果显示，旅游经济发展对旅游生态效率的最高贡献值在全国范围内偏低，在地区层面从大到小依次为西部地区、中部地区和东部地区；旅游生态效率对旅游经济发展的最高贡献值在全国范围内也是较低的，在地区层面从大到小依次为中部地区、东部地区和西部地区。

第二节 对策建议

通过旅游业发展质量、区域内人地和谐关系、旅游可持续发展等有效指标，评估旅游生态效率，以此守护我国的绿水青山，推进我国旅游业的良性发展。根据本书第四章至第六章分析所得结论，本章主要从加强区域间旅游协作、优化旅游空间结构及促进产业升级、加大旅游创新技术研发投入、完善旅游基础设施和公共服务体系方面提出相关的对策建议。

一　加强区域间旅游协作

通过空间计量分析发现，我国各省份的旅游生态效率在空间上存在依赖关系，而基于固定效应的空间滞后模型回归结果则进一步显示，邻近省份的旅游经济强度、能源消耗和城镇化水平可以间接地影响本省份的旅游生态效率。对于我国各个省份而言，需要从自身的旅游资源禀赋出发，充分利用邻近省份的空间优势，强化省域之间的关联性，有效开发并保护旅游业。通过全方位、多元化的联动合作方式，推进旅游项目、区域旅游的规划性建设，进而全方位提升旅游生态效率。全面考量在区域旅游产业的发展过程中，产业效率的演变作用，统筹规划并制定相应的政策推进旅游产业发展，在制定政策的过程中融入旅游产业效率的空间关联性与互动性，探索式地推进城市群旅游协同圈或者一体化建设发展。打破旅游资源要素的政策性壁垒，推进区域性产业的投入与产出资源共享，降低空间发展的非均衡性，达成协同优化发展目标。

立足区域旅游协同发展，构建全域旅游发展新格局。竭尽所能，把景区打造成 A 级旅游景区，提升旅游景区的知名度，通过高规格景区质量、服务质量去吸引更多的游客。通过优化整合投入要素的方式，实现资源到效益的过渡。在东部地区，在一些深入开发旅游产品与服务的区域，应充分发挥地方特色，结合媒体优势，有效提升服务质量，有效提升旅游资源文化的内涵，实现旅游产业链的延长，促使旅游经济规模化发展；在中部地区，对于一些潜在旅游资源地区、有待开发的地区，应严格把控建设策略，而不是低质量模仿，这样会避免不必要的铺张浪费，进一步加强基础设施的建设，完善配套设施，归纳总结先进地区的技术应用，提升自身技术水平；在西部地区中，在缺乏区位优势的先决条件下，整合多地区的自然优势，打造旅游合作联盟，发挥区域效应，促使旅游效率最大化，减小不同区域之间的差距。

本书研究发现，无论是本省份还是邻近省份的旅游经济强度都会影响本省份的旅游生态效率。总体而言，我国区域经济发展的空间分布呈现东西不平衡特征，东部地区通过空间溢出的方式，辐射到中西部地区，促进这些区域的经济、旅游要素的发展，从而形成联动机制。中西部地区应该把握时代趋势，发挥优势资源的作用，实现跨越式发展。

二　优化旅游空间结构及促进产业升级

系统化配置旅游要素，逐步优化并推进区域旅游产业的协调发展。对于各种旅游资源要素而言，其具有空间属性特征，在区域旅游产业的时空发展过程中，空间结构特征起到了至关重要的作用。旅游资源的优化配置，离不开理想的空间结构。旅游资源具有特定性、固定性，因而是不可移动的。但是资本和劳动力具有很强的流动性，不可移动的本地资源与广义层面的旅游供求关系两部分内容直接决定了区域的旅游空间结构。对于区域性的旅游产业而言，该空间系统具有整体、开放的特征。因而在区域旅游产业空间结构优化过程中，应从系统、开放的层面加以解析。首先，制定提高旅游生态效率的具体举措，逐步优化旅游产业空间要素分布，在归纳总结区域旅游产业发展要素的前提下，确保空间配置的合理性，并在区域范围之内拟定要素集聚和分散的恰当标准。其次，对不同区域的旅游产业进行对比，发掘其发展优势，优化整合其优势条件，明确旅游产业的建设目标，统筹其主体功能。最后，进一步有效优化区域旅游空间的网络，增强各个区域的空间紧密关联性，扩大旅游产业的服务范畴；在投入产出过程中，进一步强化区域与区域之间的互动性，利用其溢出效应，在更大的范围内实现旅游产业产出共享，增强区域旅游网络之间的互动性、互补性。

同时，积极主动地优化产业结构，进一步强化环保观念，实现旅游产业结构的优化升级，从而全方位提高旅游生态效率。各个地区在探讨解析旅游生态效率与各个因素的关系，从系统化层面分析各个因素对旅游生态效率影响的交互作用，进而有效整合与旅游生态效率相关的各个要素；从各个因素的作用着手，有目的性地进行整合调整，从而有效地提升旅游生态效率。首先，应拥有全局观，全方位把控区域内旅游的智慧化发展进程，实现旅游产业、工业、农业、服务业等各个产业之间的融合性发展，加快步伐推进传统旅游产业的发展，通过"旅游＋"的发展模式，延长产业链，发挥创新技术、经济发展以及产业结构优化的作用，全面促进旅游生态效率的提高。其次，加大宣传力度，有效宣传环境保护，让每一个人都形成环境保护意识。如今仍有许多人认为旅游业就一定是"无烟产业"，实际上随着旅游业的进一步发展，旅游业同样会产生各种污染物，这些污染物将会对旅游地的生态环境产生恶性影响，且其解决难度不亚于一般的环境污染。因此，我们应该呼吁大众发挥自身的主观能动性，使之参与到生态文明建设之中，为优化生态环境出一份力。

三　加大旅游创新技术研发投入

本书基于空间滞后模型的结果发现，某一省份的能源消耗、创新能力直接影响本省份的旅游生态效率。加大旅游创新技术研发投入，提升管理水平，促进旅游低碳环保技术稳步发展，有效提升区域旅游生态效率。通过实证分析可以了解，旅游产业集聚对旅游生态效率的积极作用主要是通过技术创新和产业结构的优化得以实现。因此，政府部门应加大力度推动旅游产业清洁技术、环保技术的创新性发展，增加资金投入，扶持旅游区域的科技发展，通过科技创新的举措，正面推进旅游产业的低碳化发展。同时，为了进一步缩小地区科技发展水平的差距，政府部门应进一步加大转移支付的力度、精简程序、降低标准，让落后的地区能够快速地申请到科研经费，同时采用贷款、产品研发、税费等补贴方式，使得一些科技发展水平较低的地区吸引到更多的企业、人才加入，进而逐步实现旅游低碳环保科技发展空间布局的优化。政府应从当地的实际情况出发，有针对性地制定提升旅游生态效率的策略。尤其是东部地区，应抓住生态文明建设的发展机遇，进一步推广友好型清洁技术，调整步伐，逐步优化旅游经济发展架构，推进产业管理模式的创新发展，同时中西部地区应该充分发挥经济发展潜力优势，利用优惠政策，引入国外投资，运用先进管理理念，合理配置旅游资源，促使旅游资源利用效率最大化。

四　完善旅游基础设施和公共服务体系

从旅游配置基础设施方面有效提升旅游公共服务的水平，具体可从以下几方面着手。其一，提升旅游交通的服务品质。将海陆空等交通方式紧密结合在一起，形成全新的旅游交通脉络，在构建秀丽风景的同时，提供便利的交通，以此吸引游客，实现旅游产业的可持续发展。其二，在区域内，加快步伐保障集散服务的建设性发展。如果景区景点在一些人口密集，或者是交通不便的地方，通过建设旅游服务中心的方式，给顾客带来理想的旅游体验，同时提供相关安全信息和服务，满足出行交通所需。其三，逐步完善旅游相关的设施，使得当地景区景点的层次有质的提升；推进旅游产品的层次化、多元化发展，在不同区域之中结合当地特色，推出不同文化内涵的产品，增强游玩的趣味性。其四，充分发挥当地媒体力量，增加智能化服务，有效地保障旅游服务的质量。

同时，不仅要逐步健全公共服务体系，还要加大投资力度，重点培养复合型文旅人才以及技术性人才。对于旅游产业而言，随着其发展水平的全面提升，其未来发展的基础条件是信息化和资本化，对传统劳动力的依赖度将进一步降低，未来将大力发展文化旅游的复合型人才，增加人力资本投入，旅游产业也将逐步转型，不再是传统的劳动力密集型产业，而是逐步发展成信息和资本密集型产业。我国一些旅游业较为发达的省份都经历了从传统服务业逐步过渡到现代服务业的过程。剔除信息化的影响，开展实证分析最终得出的结果表明，在整个旅游行业之中，随着旅游产业的快速增长以及效率的不断提升，虽然从业人员在增加，但是其整体对产业的贡献在进一步减小，应重视并加大人力资本的建设，提高旅游业从业人员的专业质素，在持续深化旅游信息化的大前提之下，逐步加快步伐，逐步开展培养旅游复合型人才的相关工作。

第三节　不足与展望

本书在借鉴国内外现有相关文献研究的基础上，在我国旅游生态效率测度、旅游生态效率时空演变与区域差异、旅游生态效率与旅游经济发展的互动响应等方面的研究理论与方法上做出了一些有价值的探讨，归纳出一些有益的结论，并基于此提出一些对策建议，但是，由于客观旅游业统计数据的限制，以及本人研究能力的欠缺和精力的不足，本书还存在一些难题需要在以后的研究中不断解决。

第一，研究数据的全面性和丰富性有待进一步提升。本书基于 2002 ~ 2018 年的数据对我国旅游生态效率进行测度，虽然时间跨度较大，但 2002 年以前的数据未能覆盖，改革开放后，我国旅游业迅猛发展，已经成为国民经济的重要组成部分。由于数据的收集较为困难，时间跨度未能覆盖全面。未来可考虑扩大研究的时间跨度，增加对时间的纵向比较。此外，不论是旅游生态效率还是影响因素的实证研究都需要丰富的研究数据支撑，本书尽量采用权威部门的数据以保证客观性。伴随我国旅游统计数据的完善，未来可增加如旅游业各部门能源消耗和旅游废弃物排放等细化数据，可使研究变得更为丰富和严谨。

第二，旅游生态效率的影响因素略有不足。本书主要是基于以往文献对旅游生态效率的影响因素进行分析，尽管有理有据，将比较重要的指标纳入本书的影响因素，且都源自客观数据。未来可考虑增加部分主观因素作为研究的影响因素，例如当地居民的生态保护意识等，通过收集问卷获得各个区域的数据，以主客观数据结合的方式来构建整个旅游生态效率的指标体系。

第三，区域内的时空分析和有针对性的对策建议有待进一步加强和细化。由于研究内容和主要逻辑集中在旅游生态效率及其影响因素的整体框架上，本书缺乏对全国各区域空间差异的细节分析与处理。在旅游生态效率的静态与动态分析中，由于篇幅的限制，没有对旅游生态效率做进一步的分解分析和讨论，研究不够深入。此外，本书基于数据分析所得结论虽然具有客观性和实践指导意义，但是随后所提出的对策建议多从宏观视野展开，不能细化到中观和微观层面，可能存在部分措施难以落到实处等问题。未来研究可考虑对数据进行详细分析，并基于研究结论提出更为具体的对策建议。

参考文献

白彩全, 黄芽保, 宋伟轩, 等. 省域金融集聚与生态效率耦合协调发展研究 [J]. 干旱区资源与环境, 2014, 28 (9): 1-7.

曹凤中, 任国贤, 李京, 等. 生态效率是衡量绿色经济发展的重要指标 [J]. 中国环境管理, 2010 (1): 11-13.

查建平. 中国低碳旅游发展效率、减排潜力及减排路径 [J]. 旅游学刊, 2016, 31 (9): 101-112.

陈傲. 中国区域生态效率评价及影响因素实证分析——以 2000-2006 年省际数据为例 [J]. 中国管理科学, 2008, 16 (S1): 566-570.

陈浩, 陈平, 罗艳. 京津冀地区环境效率及其影响因素分析 [J]. 生态经济, 2015, 31 (8): 142-146.

陈黎明, 王文平, 王斌. "两横三纵" 城市化地区的经济效率、环境效率和生态效率——基于混合方向性距离函数和合图法的实证分析 [J]. 中国软科学, 2015 (2): 96-109.

陈林心, 何宜庆, 王芸, 等. 金融集聚、经济发展与生态效率空间面板数据的 SD 仿真 [J]. 系统工程, 2017, 35 (1): 23-31.

陈林心. 金融集聚、经济增长与区域生态效率的实证分析 [D]. 南昌大学, 2017.

陈梦颖, 张雷, 彭耿. 旅游产业集群发展的影响因素分析 [J]. 湖北经济学院学报 (人文社会科学版), 2010, 7 (7): 43-45.

陈诗一．中国的绿色工业革命：基于环境全要素生产率视角的解释
　　（1980—2008）［J］．经济研究，2010，45（11）：21－34＋58.

陈晓红，陈石．企业生态效率差异及技术进步贡献——基于要素密集度
　　视角的分位数回归分析［J］．清华大学学报（哲学社会科学版），
　　2013，28（3）：148－157.

陈兴鹏，许新宇，逯承鹏，等．基于DEA交叉模型的西部地区生态效率时
　　空变化［J］．兰州大学学报（自然科学版），2012，48（2）：24－28.

陈作成，龚新蜀．西部地区产业系统生态效率测评与影响因素分析［J］.
　　中国科技论坛，2013（10）：49－55.

崔玮，苗建军，杨晶．基于碳排放约束的城市非农用地生态效率及影响因
　　素分析［J］．中国人口·资源与环境，2013，23（7）：63－69.

戴铁军，陆钟武．钢铁企业生态效率分析［J］．东北大学学报，2005
　　（12）：1168－1173.

戴卓．中国入境旅游业效率研究——基于网络结构特征和随机前沿模型
　　［J］．郑州航空工业管理学院学报，2013，31（4）：32－39.

邓冰，俞曦，吴必虎．旅游产业的集聚及其影响因素初探［J］．桂林旅
　　游高等专科学校学报，2004（6）：53－57.

邓波，张学军，郭军华．基于三阶段DEA模型的区域生态效率研究［J］.
　　中国软科学，2011（1）：92－99.

邓洪波，陆林．都市圈旅游效率的空间格局及演化——以长三角与珠三
　　角都市圈为例［J］．安徽师范大学学报（自然科学版），2018，41
　　（1）：62－67.

邓霞．区域生态效率评价研究——以长江经济带为例［J］．价格理论与
　　实践，2019（11）：133－137.

窦银娣，刘云鹏，李伯华，等．旅游风景区旅游交通系统碳足迹评估——
　　以南岳衡山为例［J］．生态学报，2012，32（17）：5532－5541.

方世敏，黄琰．长江经济带旅游效率与规模的时空演化及耦合协调［J］.

地理学报，2020，75（8）：1757 - 1772.

付丽娜，陈晓红，冷智花．基于超效率 DEA 模型的城市群生态效率研究——以长株潭"3 + 5"城市群为例 [J]．中国人口·资源与环境，2013，23（4）：169 - 175.

傅京燕，原宗琳，曾翮．中国区域生态效率的测度及其影响因素分析 [J]．产经评论，2016，7（6）：85 - 97.

高俊，张琳林．中国旅游产业集聚、全要素生产率与旅游经济关系研究 [J]．资源开发与市场，2017，33（8）：1005 - 1010.

龚新蜀，王曼，张洪振．FDI、市场分割与区域生态效率：直接影响与溢出效应 [J]．中国人口·资源与环境，2018，28（8）：95 - 104.

龚艳，张阳，唐承财．长江经济带旅游业效率测度及影响因素研究 [J]．华东经济管理，2016，30（9）：66 - 74.

郭存芝，罗琳琳，叶明．资源型城市可持续发展影响因素的实证分析 [J]．中国人口·资源与环境，2014，24（8）：81 - 89.

郭付友，佟连军，魏强，等．松花江流域（吉林省段）产业系统生态效率时空分异特征与影响因素 [J]．地理研究，2016，35（8）：1483 - 1494.

郭丽佳，李畅，彭红松，等．节能减排约束下中国省域旅游生态效率评估及空间格局研究 [J]．地理科学进展，2021，40（8）：1284 - 1297.

郭庆旺，贾俊雪．中国全要素生产率的估算：1979 - 2004 [J]．经济研究，2005（6）：51 - 60.

郭向阳，穆学青，丁正山，等．"交旅"融合下旅游效率与高速交通协调格局研究——以长三角41市为例 [J]．地理研究，2021，40（4）：1042 - 1063.

郭向阳，穆学青，明庆忠等．中国旅游交通碳排放格局及影响因素解析 [J]．地理与地理信息科学，2022，38（2）：129 - 136.

郭悦，钟廷勇，安烨．产业集聚对旅游业全要素生产率的影响——基于中国旅游业省级面板数据的实证研究 [J]．旅游学刊，2015，30（5）：

14 - 22.

韩剑磊，明庆忠，史鹏飞，等．区域旅游经济效率与旅游经济网络优势度空间演化特征及关联关系——以云南省为例［J］．生态经济，2021，37（9）：125 - 135.

韩元军，吴普，林坦．基于碳排放的代表性省份旅游产业效率测算与比较分析［J］．地理研究，2015，34（10）：1957 - 1970.

韩增林，吴爱玲，彭飞，等．基于非期望产出和门槛回归模型的环渤海地区生态效率［J］．地理科学进展，2018，37（2）：255 - 265.

何伯述，郑显玉，侯清濯，等．我国燃煤电站的生态效率［J］．环境科学学报，2001（4）：435 - 438.

何俊阳，贺灵．中部地区旅游全要素生产率评价及其影响因素分析［J］．湘潭大学学报（哲学社会科学版），2015，39（3）：85 - 90.

何宜庆，王希祖，周依仿，等．长江经济带金融集聚、经济增长与生态效率耦合协调实证分析［J］．金融与经济，2015（9）：13 - 19.

洪铮，王林，章成．绿色发展背景下区域旅游生态效率影响因素——以西部地区为例［J］．生态学报，2021，41（9）：3512 - 3524.

胡鞍钢，郑京海，高宇宁，等．考虑环境因素的省际技术效率排名（1999 - 2005）［J］．经济学（季刊），2008（3）：933 - 960.

胡林林，贾俊松，周秀．我国旅游住宿碳排放时空特征及其主要影响因素［J］．中南林业科技大学学报，2015，35（3）：123 - 128.

胡美娟，丁正山，李在军，等．生态效率视角下旅游业生态福利及驱动因素——以常州市为例［J］．生态学报，2020，40（6）：1944 - 1955.

胡晓珍，杨龙．中国区域绿色全要素生产率增长差异及收敛分析［J］．财经研究，2011，37（4）：123 - 134.

黄和平，王智鹏，宋伊瑶．乡村振兴背景下乡村旅游目的地碳足迹与生态效率研究——以江西婺源篁岭景区为例［J］．农业现代化研究，2019，40（4）：683 - 691.

黄钰婷. 基于 DEA 模型的中国旅游生态效率评价及影响因素研究 [J].
　　北京印刷学院学报, 2020, 28 (7): 32 – 34.

江涛涛, 郑宝华. 低碳经济下中国区域全要素生产率的收敛性研究 [J].
　　经济问题, 2011 (12): 31 – 35.

匡远凤, 彭代彦. 中国环境生产效率与环境全要素生产率分析 [J]. 经济
　　研究, 2012, 47 (7): 62 – 74.

李贝歌, 胡志强, 苗长虹, 等. 黄河流域工业生态效率空间分异特征与影
　　响因素 [J]. 地理研究, 2021, 40 (8): 2156 – 2169.

李广析, 孔荫莹. 区域生态效率对环境生命周期影响的门槛效应——以
　　广东省要素差异为例 [J]. 统计与管理, 2016 (6): 58 – 62.

李会琴, 王林, 闫晓冉. 基于 DEA 分析的湖北省旅游效率评价 [J]. 统
　　计与决策, 2016 (2): 65 – 67.

李惠娟, 龙如银, 兰新萍. 资源型城市的生态效率评价 [J]. 资源科学,
　　2010, 32 (7): 1296 – 1300.

李俊, 徐晋涛. 省际绿色全要素生产率增长趋势的分析——一种非参数
　　方法的应用 [J]. 北京林业大学学报 (社会科学版), 2009, 8 (4):
　　139 – 146.

李丽平, 田春秀. 生态效率——OECD 全新环境管理经验 [J]. 环境与可
　　持续发展, 2000, 1: 33 – 36.

李丽霞. 中国旅游业绿色全要素生产率研究: 时空演变、影响因素与提
　　升路径 [D]. 湖北大学, 2019.

李鹏, 杨桂华, 郑彪, 等. 基于温室气体排放的云南香格里拉旅游线路产
　　品生态效率 [J]. 生态学报, 2008 (5): 2207 – 2219.

李强, 高楠. 长江经济带生态效率时空格局演化及影响因素研究 [J]. 重
　　庆大学学报 (社会科学版), 2018, 24 (3): 29 – 37.

李闪闪. 基于超效率 DEA 的中国生态效率评价与优化 [J]. 农业科学研
　　究, 2018, 39 (1): 32 – 39.

李胜文，李新胜，杨学儒．中国的环境效率与环境管制——基于 1986 –
　　2007 年省级水平的估算［J］．财经研究，2010，36（2）：59 – 68.

李在军，姚云霞，马志飞，等．中国生态效率的空间格局与影响机制分析
　　［J］．环境科学学报，2016，36（11）：4208 – 4217.

李志龙，王迪云．武陵山片区旅游经济——生态效率时空分异及影响因
　　素［J］．经济地理，2020，40（6）：233 – 240.

梁流涛，杨建涛．中国旅游业技术效率及其分解的时空格局——基于
　　DEA 模型的研究［J］．地理研究，2012，31（8）：1422 – 1430.

梁明珠，易婷婷，Bin Li．基于 DEA – MI 模型的城市旅游效率演进模式研
　　究［J］．旅游学刊，2013，28（5）：53 – 62.

梁星，卓得波．中国区域生态效率评价及影响因素分析［J］．统计与决
　　策，2017（19）：143 – 147.

梁雅楠．云贵两省旅游生态效率测度及其影响因素分析［J］．现代商贸
　　工业，2020，41（27）：23 – 24.

林文凯，林璧属．区域旅游产业生态效率评价及其空间差异研究——以江
　　西省为例［J］．华东经济管理，2018，32（6）：19 – 25.

刘丙泉，李雷鸣，宋杰鲲．中国区域生态效率测度与差异性分析［J］．技
　　术经济与管理研究，2011（10）：3 – 6.

刘传江，赵晓梦．长江经济带全要素碳生产率的时空演化及提升潜力
　　［J］．长江流域资源与环境，2016，25（11）：1635 – 1644.

刘佳，陆菊．中国旅游产业生态效率时空分异格局及形成机理研究［J］．
　　中国海洋大学学报（社会科学版），2016（1）：50 – 59.

刘建国，刘宇．2006 – 2013 年杭州城市旅游全要素生产率格局及影响因
　　素［J］．经济地理，2015，35（7）：190 – 197.

刘军，马勇．旅游可持续发展的视角：旅游生态效率的一个综述［J］．旅
　　游学刊，2017，32（9）：47 – 56.

刘军，马勇，问鼎，等．2000—2014 年中国区域生态效率测度及其时空差

异〔J〕.生态环境学报,2018,27(3):498-508.

刘军,问鼎,童昀,等.基于碳排放核算的中国区域旅游业生态效率测度及比较研究〔J〕.生态学报,2019,39(6):1979-1992.

刘玲.基于改进 EBM 模型的东北地区生态效率评价研究〔D〕.中国地质大学(北京),2019.

刘淼.长江经济带城镇化建设对城市生态效率的影响研究〔D〕.江西财经大学,2021.

刘庆芳,王兆峰.生态环境质量对旅游效率的影响——基于长江经济带的实证分析〔J〕.福建农林大学学报(哲学社会科学版),2021,24(3):68-76.

刘瑞翔.探寻中国经济增长源泉:要素投入、生产率与环境消耗〔J〕.世界经济,2013,36(10):123-141.

刘玉丽.我国旅游业全要素生产率及其区域分异特征研究〔J〕.商业经济研究,2017(17):169-172.

刘云强,权泉,朱佳玲,等.绿色技术创新、产业集聚与生态效率——以长江经济带城市群为例〔J〕.长江流域资源与环境,2018,27(11):2395-2406.

卢飞,宫红平.中国旅游生态效率测度、时空特征与影响因素研究〔J〕.统计与决策,2020,36(16):96-100.

卢飞,刘德亚.外商直接投资对我国旅游生态效率影响的实证研究〔J〕.青岛科技大学学报(社会科学版),2019,35(3):16-21+35.

卢丽文,宋德勇,黄璨.长江经济带城市绿色全要素生产率测度——以长江经济带的108个城市为例〔J〕.城市问题,2017(1):61-67.

卢敏.物流业绿色全要素生产率及其影响因素分析〔D〕.华侨大学,2016.

陆砚池,方世明.基于 SBM-DEA 和 Malmquist 模型的武汉城市圈城市建设用地生态效率时空演变及其影响因素分析〔J〕.长江流域资源与环境,2017,26(10):1575-1586.

吕康娟，程余，范冰洁．环境规制对中国制造业绿色全要素生产率的影响分析［J］．生态经济，2017，33（4）：49-52.

吕腾捷．旅游业高质量发展的测度与促进——基于效率分解视角的研究［D］．中国社会科学院研究生院，2020.

罗能生，王玉泽．财政分权、环境规制与区域生态效率——基于动态空间杜宾模型的实证研究［J］．中国人口·资源与环境，2017，27（4）：110-118.

马晓龙．2000-2011年中国主要旅游城市全要素生产率评价［J］．资源科学，2014，36（8）：1626-1634.

马勇，郭田田．践行"两山理论"：生态旅游发展的核心价值与实施路径［J］．旅游学刊，2018，33（8）：16-18.

马勇，刘军．长江中游城市群产业生态化效率研究［J］．经济地理，2015，35（6）：124-129.

马勇，刘军．绿色发展背景下旅游生态效率的核心价值及提升策略［J］．旅游学刊，2016，31（9）：1-3.

马勇，童昀，任洁．多源遥感数据支持下的县域尺度生态效率测算及稳健性检验——以长江中游城市群为例［J］．自然资源学报，2019，34（6）：1196-1208.

马勇，颜琪，陈小连．低碳旅游目的地综合评价指标体系构建研究［J］．经济地理，2011，31（4）：686-689.

马勇．中国旅游发展笔谈——旅游生态效率与美丽中国建设（一）［J］．旅游学刊，2016，31（9）：1.

马月琴，甘畅，王凯．旅游产业集聚与旅游生态效率的关系——基于中国省域面板数据的实证分析［J］．福建师范大学学报（自然科学版），2021，37（2）：99-107+116.

毛建素，杨志峰，陆钟武，等．关于中国工业经济发展与环境负荷关系的研究［J］．北京大学学报（自然科学版），2007（6）：744-751.

毛建素, 曾润, 杜艳春, 等. 中国工业行业的生态效率 [J]. 环境科学,
　　2010, 31 (11): 2788 - 2794.

聂金荣, 钟全林, 戴卓. 井冈山市天然林游憩价值核算 [J]. 生态经济,
　　2005 (2): 80 - 85.

牛苗苗, 杨树旺. 中国碳排放的影响及预测研究 [J]. 中国国土资源经
　　济, 2012, 25 (10): 48 - 49.

潘丹, 应瑞瑶. 中国农业生态效率评价方法与实证——基于非期望产出
　　的 SBM 模型分析 [J]. 生态学报, 2013, 33 (12): 3837 - 3845.

潘兴侠, 何宜庆. 中部六省生态效率评价及其与产业结构的时空关联分
　　析 [J]. 统计与决策, 2015 (3): 127 - 130.

庞瑞芝, 王亮. 服务业发展是绿色的吗?——基于服务业环境全要素效
　　率分析 [J]. 产业经济研究, 2016 (4): 18 - 28.

彭红松, 章锦河, 韩娅, 等. 旅游地生态效率测度的 SBM - DEA 模型及实
　　证分析 [J]. 生态学报, 2017, 37 (2): 628 - 638.

彭涛, 李林军, 陆宏芳. 产业园生态效率评价——以九发生态产业园为例
　　[J]. 生态环境学报, 2010, 19 (7): 1611 - 1616.

齐亚伟, 陶长琪. 我国区域环境全要素生产率增长的测度与分解——基
　　于 Global Malmquist-Luenberger 指数 [J]. 上海经济研究, 2012, 24
　　(10): 3 - 13.

屈小娥. 中国生态效率的区域差异及影响因素——基于时空差异视角的
　　实证分析 [J]. 长江流域资源与环境, 2018, 27 (12): 2673 - 2683.

尚晶. 黑龙江省绿色全要素生产率增长研究 [J]. 中国集体经济, 2017
　　(13): 15 - 16.

沈克. 基于旅游地生命周期理论的乡村旅游成长性研究——以信阳郝
　　堂村为例 [J]. 信阳师范学院学报 (自然科学版), 2018, 31 (1):
　　68 - 72.

沈裕谋, 张亚斌. 两化融合对中国工业绿色全要素生产率的影响研究

［J］．湖南科技大学学报（社会科学版），2014，17（3）：70-77.

石风光．基于方向性距离函数的中国省区二氧化碳排放绩效研究［J］．科技管理研究，2014，34（21）：238-242.

石江江，杨兵兵．民族地区旅游生态效率的时空演变以及影响因素分析［J］．科技和产业，2020，20（2）：108-114.

石培华，吴普．中国旅游业能源消耗与CO_2排放量的初步估算［J］．地理学报，2011，66（2）：235-243.

宋长青，刘聪粉，王晓军．中国绿色全要素生产率测算及分解：1985~2010［J］．西北农林科技大学学报（社会科学版），2014，14（3）：120-127.

宋瑞．我国旅游业全要素生产率研究——基于分行业数据的实证分析［J］．中国社会科学院研究生院学报，2017（6）：72-80.

孙爱军，房静涛，王群伟．2000-2012年中国出口贸易的碳排放效率时空演变［J］．资源科学，2015，37（6）：1230-1238.

孙传旺，刘希颖，林静．碳强度约束下中国全要素生产率测算与收敛性研究［J］．金融研究，2010（6）：17-33.

孙玉琴．基于DEA的滨海区域生态旅游效率评价及优化研究［D］．中南林业科技大学，2012.

唐承财，钟林生，成升魁．旅游业碳排放研究进展［J］．地理科学进展，2012，31（4）：451-460.

唐德祥，周雪晴．环境约束下我国西南地区农业全要素生产率度量及收敛性研究［J］．科技管理研究，2016，36（4）：251-257.

唐建荣，杜聪，李晓静．中国物流业经济增长质量实证研究——基于绿色全要素生产率视角［J］．软科学，2016，30（11）：10-14.

陶长琪，周髓．环境规制、要素集聚与全要素生产率的门槛效应研究［J］．当代财经，2015（1）：10-22.

田银华，贺胜兵，胡石其．环境约束下地区全要素生产率增长的再估算：

1998 - 2008 [J]. 中国工业经济, 2011 (1): 47 - 57.

田泽, 程飞, 梁伟. "一带一路" 沿线省市区工业生态效率及影响因素研究——基于 DEA-Malmquist-Tobit 模型 [J]. 企业经济, 2017, 36 (11): 142 - 147.

万伦来, 刘翠, 郑睿. 地方政府财政竞争的生态效率空间溢出效应 [J]. 经济与管理评论, 2020, 36 (1): 148 - 160.

万媛媛, 苏海洋, 刘娟. 绿色背景下广东省旅游业发展的经济效应和生态效应研究 [J]. 生态经济, 2019, 35 (3): 134 - 139 + 193.

汪朝阳. 湖北绿色全要素生产率的估算与分析 [J]. 统计与决策, 2017 (20): 113 - 116.

汪锋, 解晋. 中国分省绿色全要素生产率增长率研究 [J]. 中国人口科学, 2015 (2): 53 - 62.

汪克亮, 孟祥瑞, 杨宝臣, 等. 基于环境压力的长江经济带工业生态效率研究 [J]. 资源科学, 2015, 37 (7): 1491 - 1501.

王波, 方春洪. 基于因子分析的区域经济生态效率研究——以 2007 年省际间面板数据为例 [J]. 环境科学与管理, 2010, 35 (2): 158 - 162.

王胜鹏, 乔花芳, 冯娟, 等. 黄河流域旅游生态效率时空演化及其与旅游经济互动响应 [J]. 经济地理, 2020, 40 (5): 81 - 89.

王淑新, 何红, 王忠锋. 秦巴典型景区旅游生态效率及影响因素测度 [J]. 西南大学学报 (自然科学版), 2016, 38 (10): 97 - 103.

王文捷, 刘冬晔. 发展中国家农业生态旅游发展对区域经济的影响研究 [J]. 农业经济, 2016 (10): 29 - 31.

王旭, 续静宣, 刘洁. 城市化水平、生态效率与经济发展协调性测度研究——以哈长城市群为例 [J]. 价格理论与实践, 2020 (6): 84 - 87 + 180.

王永刚. 中国旅游业全要素生产率增长的实证研究 [J]. 经济问题探索,

2012（3）：175-180.

王兆峰，刘庆芳. 长江经济带旅游生态效率时空演变及其与旅游经济互动响应 [J]. 自然资源报，2019a，34（9）：1945-1961.

王兆峰，刘庆芳. 长江经济带旅游生态效率时空演变及其影响因素 [J]. 长江流域资源与环境，2019b，28（10）：2289-2298.

魏楚，黄文若，沈满洪. 环境敏感性生产率研究综述 [J]. 世界经济，2011，34（5）：136-160.

魏振香，郭琬婷. 旅游生态效率时空特征及影响因素研究 [J]. 生态经济，2021，37（2）：111-119.

吴必虎. 旅游系统：对旅游活动与旅游科学的一种解释 [J]. 旅游学刊，1998（1）：20-24.

吴建新，黄蒙蒙. 中国城市经济的绿色转型：基于环境效率和环境全要素生产率的分析 [J]. 产经评论，2016，7（6）：98-115.

吴琳萍. 中国旅游业全要素生产率的估算 [J]. 统计与决策，2017（9）：135-139.

吴鸣然，马骏. 中国区域生态效率测度及其影响因素分析——基于 DEA-Tobit 两步法 [J]. 技术经济，2016，35（3）：75-80+122.

吴齐，杨桂元，戚琦. 江苏省各市绿色全要素生产率估算与可持续发展分析 [J]. 科技和产业，2015（8）：88-93.

吴思. 信息通信技术（ICT）与旅游产业的潜力和竞争力研究现状 [J]. 旅游学刊，2007（6）：7-8.

吴义根，冯开文，胡鹏. 人口增长、产业结构优化与区域生态效率 [J]. 大连理工大学学报（社会科学版），2019，40（2）：17-26.

武春友，孙源远. 基于生态承载力的工业园区生态效率评价研究 [J]. 管理学报，2009，6（6）：751-754+766.

肖建红，于爱芬，王敏. 旅游过程碳足迹评估——以舟山群岛为例 [J]. 旅游科学，2011，25（4）：58-66.

肖黎明，张仙鹏．强可持续理念下绿色创新效率与生态福利绩效耦合协调的时空特征［J］．自然资源学报，2019，34（2）：312-324.

肖攀，李连友，唐李伟，等．中国城市环境全要素生产率及其影响因素分析［J］．管理学报，2013，10（11）：1681-1689.

肖挺．中国服务业分行业两类全要素生产率变化及收敛性比较分析［J］．管理评论，2017，29（8）：53-64.

肖潇，张捷，卢俊宇，等．旅游交通碳排放的空间结构与情景分析［J］．生态学报，2012，32（23）：7540-7548.

邢贞成，王济干，张婕．中国区域全要素生态效率及其影响因素研究［J］．中国人口·资源与环境，2018，28（7）：119-126.

徐秀美．西藏乡村旅游地经济效率的影响因素分析［J］．中国市场，2015（8）：79-83.

薛建良，李秉龙．基于环境修正的中国农业全要素生产率度量［J］．中国人口·资源与环境，2011，21（5）：113-118.

杨洁，李慧琳．基于模糊层次分析的包装绿色度评价体系研究［J］．生态经济，2018，34（1）：78-82.

杨俊，邵汉华．环境约束下的中国工业增长状况研究——基于 Malmquist-Luenberger 指数的实证分析［J］．数量经济技术经济研究，2009，26（9）：64-78.

杨婷蓉，丁慧平．绿色 EVA：基于预期生态效率的经济增加值［J］．东北大学学报（社会科学版），2017，19（2）：147-152.

杨文举，龙睿赟．中国地区工业绿色全要素生产率增长——基于方向性距离函数的经验分析［J］．上海经济研究，2012，24（7）：3-13.

姚治国，陈田．旅游生态效率模型及其实证研究［J］．中国人口·资源与环境，2015，25（11）：113-120.

姚治国，陈田，尹寿兵，等．区域旅游生态效率实证分析——以海南省为例［J］．地理科学，2016，36（3）：417-423.

尹传斌，蒋奇杰．绿色全要素生产率分析框架下的西部地区绿色发展研究［J］．经济问题探索，2017（3）：155－161．

于秋阳，冯学钢，范堃．基于DEA模型的长三角旅游产业效率差异的评价与对策研究［J］．经济论坛，2009（22）：59－63．

于伟，张鹏．我国省域污染排放效率时空差异格局及其影响因素分析［J］．地理与地理信息科学，2015，31（6）：109－113＋119．

袁富华．低碳经济约束下的中国潜在经济增长［J］．经济研究，2010，45（8）：79－89．

袁鹏．基于物质平衡原则的工业碳排放效率评估［J］．管理学报，2015，12（4）：609－618．

袁天天，石奇，刘玉飞．环境约束下的中国制造业全要素生产率及其影响因素研究——基于经济转型期的经验研究［J］．武汉理工大学学报（社会科学版），2012，25（6）：860－867．

原毅军，谢荣辉．环境规制与工业绿色生产率增长——对"强波特假说"的再检验［J］．中国软科学，2016（7）：144－154．

臧正，邹欣庆．中国大陆省际生态 - 经济效率的时空格局及其驱动因素［J］．生态学报，2016，36（11）：3300－3311．

张城铭，张涵．基于Logistic模型对TALC模型各阶段的定量划分——兼论美国十大国家公园的旅游生命周期模式［J］．旅游学刊，2017，32（6）：86－95．

张广海，汪立新．我国旅游产业集聚与全要素生产率关系研究［J］．商业研究，2016（11）：186－192．

张广胜，陈晨．产业集聚与城市生态效率动态关系研究［J］．科技进步与对策，2019，36（13）：48－57．

张豪，何宇，张建华．中国主要城市绿色全要素生产率增长差异及空间溢出——基于方向性距离函数的实证分析［J］．科技管理研究，2017，37（8）：260－266．

张洪, 朱文静, 方芳. 长三角地区入境旅游市场效率及影响因素研究——基于 DEA – Tobit 模型的实证分析 [J]. 安徽农业大学学报 (社会科学版), 2020, 29 (1): 67 – 75.

张丽峰. 基于随机前沿分析 (SFA) 方法的中国旅游业全要素生产率研究 [J]. 资源开发与市场, 2014, 30 (2): 221 – 224.

张丽峰. 碳排放约束下中国全要素生产率测算与分解研究——基于随机前沿分析 (SFA) 方法 [J]. 干旱区资源与环境, 2013, 27 (12): 20 – 24.

张瑞英, 席建超, 葛全胜. 基于生命周期理论的旅游者碳足迹分析: 一种 "低碳旅游" 测度框架及其实证研究 [J]. 干旱区资源与环境, 2015, 29 (6): 169 – 175.

张胜利, 俞海山. 中国工业碳排放效率及其影响因素的空间计量分析 [J]. 科技与经济, 2015, 28 (4): 106 – 110.

张树民, 钟林生, 王灵恩. 基于旅游系统理论的中国乡村旅游发展模式探讨 [J]. 地理研究, 2012, 31 (11): 2094 – 2103.

张英浩, 陈江龙, 程钰. 环境规制对中国区域绿色经济效率的影响机理研究——基于超效率模型和空间面板计量模型实证分析 [J]. 长江流域资源与环境, 2018, 27 (11): 2407 – 2418.

章锦河, 张捷, 梁玥琳, 等. 九寨沟旅游生态足迹与生态补偿分析 [J]. 自然资源学报, 2005 (5): 735 – 744.

章锦河, 张捷. 旅游生态足迹模型及黄山市实证分析 [J]. 地理学报, 2004 (5): 763 – 771.

赵国浩, 李玮, 张荣霞, 等. 基于随机前沿模型的山西省碳排放效率评价 [J]. 资源科学, 2012, 34 (10): 1965 – 1971.

赵金金. 环境约束下中国旅游业生产率的变动差异及影响机制 [J]. 山西财经大学学报, 2016, 38 (10): 61 – 74.

赵磊. 中国旅游全要素生产率差异与收敛实证研究 [J]. 旅游学刊, 2013,

28（11）：12－23.

赵鑫，胡映雪，孙欣．长江经济带生态效率及收敛性分析［J］．产业经济
评论，2017（6）：90－103.

甄翌．旅游生态效率评估——基于生态足迹和碳足迹的比较研究［J］.
林业经济问题，2014，34（5）：474－480.

郑宝华，谢忠秋．基于低碳经济的中国区域全要素生产率研究［J］．经济
学动态，2011（10）：38－41.

郑兵云，杨宏丰．基于生态足迹的中国省际旅游生态效率时空演化［J］.
华东经济管理，2020，34（4）：79－91.

郑京海，胡鞍钢．中国改革时期省际生产率增长变化的实证分析（1979－
2001年）［J］．经济学（季刊），2005（1）：263－296.

钟林生．中国旅游发展笔谈——旅游生态效率与美丽中国建设（二）
［J］．旅游学刊，2016，31（10）：1.

钟永德，石晟屹，李世宏，等．我国旅游业碳排放测算方法构建与实证研
究——基于投入产出视角［J］．中南林业科技大学学报，2015（1）：
132－139.

周国梅，彭昊，曹凤中．循环经济和工业生态效率指标体系［J］．城市环
境与城市生态，2003，6：201－203.

周敏，王腾，严良，等．财政分权、经济竞争对中国能源生态效率影响异
质性研究［J］．资源科学，2019，41（3）：532－545.

周倩，邹逸江，乔观民，等．长三角地区旅游发展效率空间分异及空间自
相关研究——基于面板数据的解释［J］．宁波大学学报（理工版），
2020，33（2）：100－106.

周旭东．典型干旱资源开发型区域生态效率评估及提升策略分析——以
新疆为例［D］．新疆大学，2019.

周颖，王兆峰．长江经济带旅游资源开发强度与生态能力耦合协调关系
研究［J］．长江流域资源与环境，2021，30（1）：11－22.

朱承亮，岳宏志，严汉平，等. 基于随机前沿生产函数的我国区域旅游产业效率研究［J］. 旅游学刊，2009, 24（12）: 18 – 22.

朱梅，汪德根. 旅游生态效率优化中旅游者参与的困境及出路［J］. 旅游学刊，2016, 31（10）: 11 – 13.

诸大建，朱远. 生态效率与循环经济［J］. 复旦学报（社会科学版），2005（2）: 60 – 66.

邹璇，黄萌，余燕团. 交通、信息通达性与区域生态效率——考虑空间溢出效应的研究［J］. 中南大学学报（社会科学版），2018, 24（2）: 87 – 95 + 158.

左冰，保继刚. 1992 – 2005 年中国旅游业全要素生产率及省际差异［J］. 地理学报，2008（4）: 418 – 427.

Arbelo A，Pérez-Gómez P，Rosa-González F M，et al. Eco-efficiency: Environmental Performance VS Economic Performance［J］. Management Studies，2014, 2（4）: 239 – 253.

Avkiran N K. An Illustration of Network SBM with Simulated Profit Centre Data for Japanese Regional Banks［C］//Proceedings of DEA Symposium，2008: 13 – 22.

Ball VE，et al. Incorporating Environmental Impacts in the Measurement of Agricultural Productivity Growth［J］. Journal of Agricultural & Resource Economics，2004, 29（3）: 436 – 460.

Banker R D，Charnes A，Cooper W W. Some Models for Estimating Technical and Scale Inefficiencies in Data Envelopment Analysis［J］. Management Science，1984, 30（9）: 1078 – 1092.

Barak S，Dahooei J H. A Novel Hybrid Fuzzy DEA-Fuzzy MADM Method for Airlines Safety Evaluation［J］. Journal of Air Transport Management，2018, 73: 134 – 149.

Buhalis D，Law R. Progress in Information Technology and Tourism Management: 20 Years on and 10 Years after the Internet—The State of E-tourism Research [J]. Tourism Management, 2008, 29 (4): 609 - 623.

Causevic S, Lynch P. Political (in) Stability and Its Influence on Tourism Development [J]. Tourism Management, 2013, 34: 145 - 157.

Chambers R G, Fāure R, Grosskopf S. Productivity Growth in APEC Countries [J]. Pacific Economic Review, 1996, 1 (3): 181 - 190.

Chan W W, Lam J C. Energy-saving Supporting Tourism Sustainability: A Case Study of Hotel Swimming Pool Heat Pump [J]. Journal of Sustainable Tourism, 2003, 11 (1): 74 - 83.

Charara N, Cashman A, Bonnell R, et al. Water Use Efficiency in the Hotel Sector of Barbados [J]. Journal of Sustainable Tourism, 2011, 19 (2): 231 - 245.

Charles K, Paul S. Competition, Privatization and Productive Efficiency: Evidence from the Airline Industry [J]. The Economic Journal, 2001, 111 (473): 591 - 619.

Charmondusit K, Keartpakpraek K. Eco-efficiency Evaluation of the Petroleum and Petrochemical Group in the Map Ta Phut Industrial Estate, Thailand [J]. Journal of Cleaner Production, 2011, 19 (2 - 3): 241 - 252.

Charnes A, Cooper W W, Rhodes E. Measuring the Efficiency of Decision-Making Units [J]. European Journal of Operational Research, 1978, 2 (6): 429 - 444.

Chen S, Golley J. "Green" Productivity Growth in China's Industrial Economy [J]. Energy Economics, 2014, 44: 89 - 98.

Christensen L R, Jorgenson DW, Lau L J. Transcendental Logarithmic Production Frontiers [J]. Review of Economics and Statistics, 1973, 55 (1): 28 - 45.

Chung Y H, Färe R, Grosskopf S. Productivity and Undesirable Outputs: A Di-

rectional Distance Function Approach ［J］. Journal of Environmental Man-
agement, 1997, 51 （3）: 229 - 240.

Cole V, Sinclair A J. Measuring the Ecological Footprint of a Himalayan Tour-
ist Center ［J］. Mountain Research and Development, 2002, 22 （2）:
132 - 141.

Cracolici M F, Nijkamp P, Cuffaro M. Efficiency and Productivity of Italian
Tourist Destinations: A Quantitative Estimation Based on Data Envelop-
ment Analysis and the Malmquist Method. In A. Matias, P. Nijkamp,
& P. Neto （Eds.）, Advances in Modern Tourism Research, 2007:
325 - 343.

Dasgupta S, Laplante B, Mamingi N, et al. Inspections, Pollution Prices, and En-
vironmental Performance: Evidence from China ［J］. Ecological Econom-
ics, 2001, 36 （3）: 487 - 498.

Denicolai S, Cioccarelli G, Zucchella A. Resource-based Local Development
and Networked Core-competencies for Tourism Excellence ［J］. Tourism
Management, 2010, 31 （2）: 260 - 266.

Dyckhoff H, Allen K. Measuring Ecological Efficiency with Data Envelopment
Analysis （DEA） ［J］. European Journal of Operational Research, 2001,
132 （2）: 312 - 325.

Ehrenfeld J R. Sustainability Needs to Be Attained, Not Managed ［J］. Sustai-
nability: Science, Practice and Policy, 2008, 4 （2）: 1 - 3.

Ehrenfeld J R. The Roots of Sustainability ［J］. MIT Sloan Management Review,
2005, 46 （2）: 23.

Elsadig M A. Green TFP Intensity Impact on Sustainable East Asian Productivi-
ty Growth ［J］. Economic Analysis and Policy, 2012, 42 （1）: 67 - 78.

Farrell M J. The Measurement of Productive Efficiency ［J］. Journal of the Roy-
al Statistical Society, 1957, 120 （3）: 253 - 290.

Fernandes E, Pacheco R. Efficiency Use of Airport Capacity [J]. Transportation Research Part A: Policy and Practice, 2006, 36 (2): 225 – 238.

Färe R, Grosskopf S, Carl A. Environmental Production Functions and Environmental Directional Distance Functions [J]. Energy, 2007, 32 (7): 1055 – 1066.

Färe R, Grosskopf S, Hernandez F. Environmental Performance: An Index Number Approach [J]. Resource and Energy Economics, 2004, 26 (4): 343 – 352.

Färe R, Grosskopf S, Lindgren B, Roos P. Productivity Changes in Swedish Pharamacies 1980 – 1989: A Non-Parametric Malmquist Approach [J]. Journal of Productivity Analysis, 1992, 3 (1 – 2): 85 – 101.

Fuentes R. Efficiency of Travel Agencies: A Case Study of Alicante, Spain [J]. Tourism Management, 2011, 32 (1): 75 – 87.

Fujii H, Managi S. Determinants of Eco-efficiency in the Chinese Industrial Sector [J]. Journal of Environmental Sciences, 2013, 25: S20 – S26.

George A A, Tsionas M. The Estimation and Decomposition of Tourism Productivity [J]. Tourism Management, 2018, 65: 131 – 142.

Grossman G M, Krueger A B. Economic Growth and the Environment [J]. The Quarterly Journal of Economics, 1995, 110 (2): 353 – 377.

Grossman G M, Krueger A B. Environmental Impacts of a North American Free Trade Agreement [J]. NBER Working Paper, No. 3194, 1991.

Gössling J, Neukater W, Jorg J. CNS-Vasculitis and Primary Biliary Cirrhosis: Is There a Higher Coincidence? [J]. Neurologie und Rehabilitation, 2000, 6 (4): 209 – 213.

Gössling S. Global Environmental Consequences of Tourism [J]. Global Environmental Change, 2002, 12 (4): 283 – 302.

Gössling S, Peeters P, Ceron J P, et al. The Eco-efficiency of Tourism [J].

Ecological Economics, 2005, 54 (4): 417 –434.

Gunn CA. Book Review: Vacationscape: Designing Tourist Regions [J]. Journal of Travel Research, 1973, 11 (3): 24.

Hadjikakou M, Miller G, Chenoweth J, et al. A Comprehensive Framework for Comparing Water Use Intensity across Different Tourist Types [J]. Journal of Sustainable Tourism, 2015, 23 (10): 1445 –1467.

Hailu A, Veeman T S. Non-parametric Productivity Analysis with Undesirable Outputs: An Application to the Canadian Pulp and Paper Industry [J]. American Journal of Agricultural Economics, 2001, (83): 605 –616.

Herrala R, Goel R K. Global CO_2 Efficiency: Country-Wise Estimates Using a Stochastic Cost Frontier [J]. Energy Policy, 2012, 45: 762 –770.

Höh H, Schoer K, Seibel S. Eco-efficiency Indicators in Germany Environmental-Economic Accounting [J]. Statistical Journal of the United Nations, 2002, 19: 42 –52.

Hoang V N, Alauddin M. Input-Orientated Data Envelopment Analysis Framework for Measuring and Decomposing Economic, Environmental and Ecological Efficiency: An Application to OECD Agriculture [J]. Environmental and Resource Economics, 2012, 51 (3): 431 –452.

Holleran J N. Sustainability in Tourism Destinations: Exploring the Boundaries of Eco-Efficiency and Green Communications [J]. Journal of Hospitality & Leisure Marketing, 2008, 17 (3): 373 –394.

Holtz-Eakin D. Testing for Individual Effects in Autoregressive Models [J]. Journal of Econometrics, 1988, 39 (3): 297 –307.

Huang J, Yang X, Cheng G, et al. A Comprehensive Eco-Efficiency Model and Dynamics of Regional Eco-efficiency in China [J]. Journal of Cleaner Production, 2014, 67: 228 –238.

Huppes G, Ishikawa M. A Framework for Quantified Eco-efficiency Analysis

[J]. Journal of Industrial Ecology, 2005, 9 (4): 25 – 41.

Ingaramo A, Heluane H, Colombo M, et al. Water and Wastewater Eco-efficiency Indicators for the Sugar Cane Industry [J]. Journal of Cleaner Production, 2009, 17 (4): 487 – 495.

Jia L, Zhang Y, Ning L, et al. Study on the Relevance between Tourism Environmental Carrying Capacity and Tourism Eco-efficiency for Coastal Areas in China [J]. International Leisure Review, 2017: 6.

Josef P S, Ravinesh R K. Productivity Growth and Income in the Tourism Sector: Role of Tourism Demand and Human Capital Investment [J]. Tourism Management, 2017, 61: 426 – 433.

Kaneko S, Mangi S. Environmental Productivity in China [J]. Economics Bulletin, 2004, 17 (2): 1 – 10.

Kelly J, Haider W, Williams P W, et al. Stated Preferences of Tourists for Eco-efficient Destination Planning Options [J]. Tourism Management, 2007, 28 (2): 377 – 390.

Kelly J, Williams P. Tourism Destination Water Management Strategies: An Eco-efficiency Modelling Approach [J]. Leisure/Loisir, 2007, 31 (2): 427 – 452.

Koksal CD, Aksu AA. Efficiency Evaluation of A-group Travel Agencies with Data Envelopment Analysis (DEA): A Case Study in the Antalya Region, Turkey [J]. Tourism Management, 2007, 28: 830 – 834.

Korhonen P J, Luptacik M. Eco-efficiency Analysis of Power Plants: An Extension of Data Envelopment Analysis [J]. European Journal of Operational Research, 2004, 154 (2): 437 – 446.

Kuan J Z, Yan Z. Carbon Tax, Tourism CO_2 Emissions and Economic Welfare [J]. Annals of Tourism Research, 2018, 69: 18 – 30.

Kuo N W, Chen P H. Quantifying Energy Use, Carbon Dioxide Emission, and other Environmental Loads from Island Tourism Based on a Life Cycle Assessment Approach [J]. Journal of Cleaner Production, 2009, 17 (15): 1324 - 1330.

Kuznets S. Economic Growth and Income Inequality [J]. The American Economic Review, 1955, 45 (1): 1 - 28.

Kytzia S, Walz A, Wegmann M. How Can Tourism Use Land More Efficiently? A Model-Based Approach to Land-Use Efficiency for Tourist Destinations [J]. Tourism Management, 2011, 32 (3): 629 - 640.

Lenzen M, Sun Y Y, Faturay F, et al. The Carbon Footprint of Global Tourism [J]. Nature Climate Change, 2018, 8 (6): 522 - 528.

Liu J, Feng T, Yang X. The Energy Requirements and Carbon Dioxide Emissions of Tourism Industry of Western China: A Case of Chengdu City [J]. Renewable and Sustainable Energy Reviews, 2011, 15 (6): 2887 - 2894.

Liu J, Wen D, Tong Y, et al. Measuring of Tourism Eco-efficiency and Its Comparative Research Based on Carbon Emissions [J]. Acta Ecologica Sinica, 2019, 39 (6): 1979 - 1992.

Liu J, Zhang J, Fu Z. Tourism Eco-efficiency of Chinese Coastal Cities-Analysis Based on the DEA-Tobit Model [J]. Ocean & Coastal Management, 2017, 148: 164 - 170.

Malmquist S. Index Numbers and Indifference Surfaces [J]. Trabajos De Estadistica, 1953, 4 (2): 209 - 242.

Managi S, Kaneko S. Economic Growth and the Environment in China: An Empirical Analysis of Productivity [J]. Journal of Global Environmental Issues, 2006, 6 (1): 89 - 133.

McDonough W, Braungart M. Design for the Triple Top Line: New Tools for Sustainable Commerce [J]. Corporate Environmental Strategy, 2002, 9 (3): 251 - 258.

Meng W, Xu L, Hu B, et al. Quantifying Direct and Indirect Carbon Dioxide Emissions of the Chinese Tourism Industry [J]. Journal of Cleaner Production, 2016, 126: 586 - 594.

Michelsen O, Fet A M, Dahlsrud A. Eco-efficiency in Extended Supply Chains: A Case Study of Furniture Production [J]. Journal of Environmental Management, 2006, 79 (3): 290 - 297.

Minoli D M, Goode M M H, Smith M T. Are Eco Labels Profitably Employed in Sustainable Tourism? A Case Study on Audubon Certified Golf Resorts [J]. Tourism Management Perspectives, 2015, 16: 207 - 216.

Morey R, Dittman D. Evaluating a Hotel GM's Performance: A Case Study in Benchmarking [J]. Cornell Hotel Restaurant and Administration Quarterly, 1995, 36 (5): 30 - 35.

Moutinho V, Costa C, Bento JPC. The Impact of Energy Efficiency and Economic Productivity on CO_2 Emission Intensity in Portuguese Tourism Industries [J]. Tourism Management Perspectives, 2015, 16: 217 - 227.

Nooreha H, Mokhtar A, Suresh K. Evaluating Public Sector Efficiency with Data Envelopment Analysis (DEA): A Case Study in Road Transport Department, Selangor, Malaysia [J]. Total Quality Management, 2000, 11 (4): 830 - 836.

Orsato R J. When Does It Pay to Be Green? [M] //Sustainability Strategies: When Does It Pay to Be Green? . London: Palgrave Macmillan UK, 2009: 3 - 22.

Oskam A. Productivity Measurement, Incorporating Environmental Effects of Agricultural Production [J]. Developments in Agricultural Economics, 1991, 7 (2): 186 - 204.

Ounsaneha W, Rattanapan C. Defining the Eco-efficiency of Rubber Glove Products Manufactured from Concentrated Latex in Thailand [J]. Environmental Progress & Sustainable Energy, 2016, 35 (3): 802 – 808.

Panayotou T. Empirical Tests and Policy Analysis of Environmental Degradation at Different Stages of Economic Development [J]. International Labour Office, Geneva, 1993.

Peeters P, Dubois G. Tourism Travel under Climate Change Mitigation Constraints [J]. Journal of Transport Geography, 2010, 18 (3): 447 – 457.

Peng H, Zhang J, Lu L, et al. Eco-efficiency and Its Determinants at a Tourism Destination: A Case Study of Huangshan National Park, China [J]. Tourism Management, 2017, 60: 201 – 211.

Picazo-Tadeo A J, Gómez-Limón J A, Reig-Martínez E. Assessing Farming Eco-Efficiency: A Data Envelopment Analysis Approach [J]. Journal of Environmental Management, 2011, 92 (4): 1154 – 1164.

Porter M, Van der Linde C. Green and Competitive: Ending the Stalemate [J]. The Dynamics of the Eco-Efficient Economy: Environmental Regulation and Competitive Advantage, 1995, 33: 120 – 134.

Qiu X, Fang Y, Yang X, et al. Tourism Eco-Efficiency Measurement, Characteristics, and Its Influence Factors in China [J]. Sustainability, 2017, 9 (9).

Ramukumba T, Mmbengwa V M, Mwamayi K A, et al. Analysis of Local Economic Development (LED) Initiated Partnership and Support Services for Emerging Tourism Entrepreneurs in George Municipality, Western Cape Province, RSA [J]. Tourism Management Perspectives, 2012, 2: 7 – 12.

Rashidi K, Saen R F. Measuring Eco-Efficiency Based on Green Indicators and Potentials in Energy Saving and Undesirable Output Abatement [J]. Energy Economics, 2015, 50: 18 – 26.

Reilly J, Williams P, Haider W. Moving towards More Eco-efficient Tourist Transportation to a Resort Destination: The Case of Whistler, British

Columbia [J]. Research in Transportation Economics, 2010, 26 (1):
66 – 73.

Rezek JP, Perrin RK. Environmentally Adjusted Agricultural Productivity in the
Great Plains [J]. Journal of Agricultural & Resource Economics, 2004,
29 (2): 346 – 369.

Romano G, Molinos-Senante M. Factors Affecting Eco-efficiency of Municipal
Waste Services in Tuscan Municipalities: An Empirical Investigation of
Different Management Models [J]. Waste Management, 2020, 105:
384 – 394.

Rusiawan W, Tjiptohenrijanto P, Suganda E, Darmajanti L. Assessment of
Green Total Factor Productivity Impact on Sustainable Indonesia Pro-
ductivity Growth [J]. Procedia Environmental Sciences, 2015, 28:
493 – 501.

Salmi O. Eco-efficiency and Industrial Symbiosis—A Counterfactual Analysis of
a Mining Community [J]. Journal of Cleaner Production, 2007, 15 (17):
1696 – 1705.

Schafer A , Victor D G. Global Passenger Travel: Implications for Carbon Diox-
ide Emissions [J]. Energy, 1999, 24 (8): 657 – 679.

Schaltegger S, Burritt R. Contemporary Environmental Accounting. Issues, Con-
cepts and Practice [M]. Greenleaf Publishing, 2000.

Schaltegger S, Sturm A. Ökologische Rationalität: Ansatzpunkte Zur Ausgestal-
tung von Ökologieorientierten Management Instrumenten [J]. die Un-
ternehmung, 1990: 273 – 290.

Shaik S, Helmers G A, Langemeier M R. Direct and Indirect Shadow Price and
Cost Estimates of Nitrogen Pollution Abatement [J]. Journal of Agricul-
tural & Resource Economics, 2002, 27 (2): 420 – 432.

Sims, C A. , Macroeconomics and Reality [J]. Econometrica, 1980, 48 (1):

1 – 48.

Solow R M. Technical Change and the Aggregate Production Function [J]. Review of Economics and Statistics, 1957, 39 (3): 312 – 320.

Stokey N L. Are There Limits to Growth? [J]. International Eonomic Review, 1998, 2 (1): 1 – 31.

Storto C L. Ecological Efficiency Based Ranking of Cities: A Combined DEA Cross-Efficiency and Shannon's Entropy Method [J]. Sustainability, 2016, 8 (2): 1 – 29.

Such S, Zamora M. Spanish Productivity: A Regional Approach [J]. Annals of Tourism Research, 2006, 33 (3): 666 – 683.

Sun J, Zhang J, Zhang J, et al. Total Factor Productivity Assessment of Tourism Industry: Evidence from China [J]. Asia Pacific Journal of Tourism Research, 2015, 20 (3): 280 – 294.

Sun Y Y, Pratt S. The Economic, Carbon Emission, and Water Impacts of Chinese Visitors to Taiwan: Eco-efficiency and Impact Evaluation [J]. Journal of Travel Research, 2014, 53 (6): 733 – 746.

Syrrakou E, Papaefthimiou S, Yianoulis P. Eco-efficiency Evaluation of a Smart Window Prototype [J]. Science of the Total Environment, 2006, 359 (1 – 3): 267 – 282.

Tao Y, Huang Z. Review of Accounting for Carbon Dioxide Emissions from Tourism at Different Spatial Scales [J]. Acta Ecologica Sinica, 2014, 34 (5): 246 – 254.

Tone K. A Slacks-Based Measure of Efficiency in Data Envelopment Analysis [J]. European Journal of Operational Research, 2001, 130 (3): 498 – 509.

Tone K, Tsutsui M. Dynamic DEA: A Slacks-based Measure Approach [J]. Omega, 2010, 38 (3 – 4): 145 – 156.

UNWTO-UNEP-WMO. Climate Change and Tourism: Responding to Global Challenges [M]. Madrid: World Tourism Organization, 2008.

Van Caneghem J, Block C, Van Hooste H, et al. Eco-efficiency Trends of the Flemish Industry: Decoupling of Environmental Impact from Economic Growth [J]. Journal of Cleaner Production, 2010, 18 (14): 1349 – 1357.

Wackernagel M, Monfreda C, Schulz N B, et al. Calculating National and Global Ecological Footprint Time Series: Resolving Conceptual Challenges [J]. Land Use Policy, 2004, 21 (3): 271 – 278.

Westerlund J. Testing for Error Correction in Panel Data [J]. Oxford Bulletin of Economics and Statistics, 2007, 69 (6): 709 – 748.

Williamson J G. Regional Inequality and the Process of National Development: A Description of the Patterns [J]. Economic Development and Cultural Change, 1965, 13 (4, Part 2): 1 – 84.

Wu P, Shi P. An Estimation of Energy Consumption and CO_2 Emissions in Tourism Sector of China [J]. Journal of Geographical Sciences, 2011, 21 (4): 733 – 745.

Wursthorn S, Poganietz W R, Schebek L. Economic-environmental Monitoring Indicators for European Countries: A Disaggregated Sector-based Approach for Monitoring Eco-efficiency [J]. Ecological Economics, 2011, 70 (3): 487 – 496.

Wu Y. Regional Environmental Performance and Its Determinants in China [J]. China & World Economy, 2010, 18 (3): 73 – 89.

Yang G, Li P, Zheng B, et al. GHG Emission-based Eco-efficiency Study on Tourism Itinerary Products in Shangri-La, Yunnan Province, China [J]. Current Issues in Tourism, 2008, 11 (6): 604 – 622.

Young A. Gold into Base Metals: Productivity Growth in the People's Republic of China during the Reform Period [J]. Journal of Political Economy, 2003,

111（6）：1220 – 1242.

Zhang B, Bi J, Fan Z, et al. Eco-efficiency Analysis of Industrial System in China：A Data Envelopment Analysis Approach ［J］. Ecological Economics, 2008, 68（1 – 2）：306 – 316.

Zhang N, Zhou P, Choi Y. Energy Efficiency, CO_2 Emission Performance and Technology Gaps in Fossil Fuel Electricity Generation in Korea：A Meta-frontier Non-radial Directional Distance Function Analysis ［J］. Energy Policy, 2013（56）：653 – 662.

图书在版编目（CIP）数据

旅游生态效率与旅游经济发展 / 郭田田著. -- 北京：
社会科学文献出版社，2023.9
ISBN 978 - 7 - 5228 - 2426 - 0

Ⅰ.①旅…　Ⅱ.①郭…　Ⅲ.①生态旅游 - 旅游业发展
- 研究 - 中国　Ⅳ.①F592.3

中国国家版本馆 CIP 数据核字（2023）第 162800 号

旅游生态效率与旅游经济发展

著　　者 / 郭田田

出 版 人 / 冀祥德
组稿编辑 / 陈凤玲
责任编辑 / 冯咏梅
文稿编辑 / 王红平
责任印制 / 王京美

出　　版 / 社会科学文献出版社 · 经济与管理分社 （010）59367226
　　　　　　地址：北京市北三环中路甲 29 号院华龙大厦　邮编：100029
　　　　　　网址：www. ssap. com. cn
发　　行 / 社会科学文献出版社 （010）59367028
印　　装 / 三河市尚艺印装有限公司

规　　格 / 开 本：787mm × 1092mm　1/16
　　　　　　印 张：12　字 数：165 千字
版　　次 / 2023 年 9 月第 1 版　2023 年 9 月第 1 次印刷
书　　号 / ISBN 978 - 7 - 5228 - 2426 - 0
定　　价 / 98.00 元

读者服务电话：4008918866